ESPAÑA EN DEUDA
1975-1995

ESPAÑA EN DEUDA 1975-1995

JAIME REQUEIJO GONZÁLEZ

Catedrático de Estructura Económica
Universidad Nacional de Educación a Distancia (UNED)
Colegio Universitario de Estudios Financieros (CUNEF)

McGraw-Hill

MADRID • BUENOS AIRES • CARACAS • GUATEMALA • LISBOA • MÉXICO
NUEVA YORK • PANAMÁ • SAN JUAN • SANTAFÉ DE BOGOTÁ • SANTIAGO • SÃO PAULO
AUCKLAND • HAMBURGO • LONDRES • MILÁN • MONTREAL • NUEVA DELHI • PARÍS
SAN FRANCISCO • SIDNEY • SINGAPUR • ST. LOUIS • TOKIO • TORONTO

ESPAÑA EN DEUDA 1975-1995

McGRAW-HILL/INTERAMERICANA DE ESPAÑA, S. A. U.
Edificio Valrealty, 1.ª planta
Basauri, 17
28023 Aravaca (Madrid)

ISBN: 84-481-1234-2
Depósito legal: M. 36.028-1997

Editor: Mariano J. Norte
Diseño cubierta: Desing Master DIMA
Compuesto en: Puntographic, S. L.
Impreso en: Fernández Ciudad, S. L.

IMPRESO EN ESPAÑA - PRINTED IN SPAIN

Contenido

Prólogo

Este trabajo pretende ser, a un tiempo, un recordatorio y una premonición.

Recordatorio porque repasa el comportamiento de las Administraciones Públicas en el período 1975-1995, veinte años que se han caracterizado por el crecimiento continuo de esas Administraciones y de su función redistributiva: muchos de los bienes públicos presentan ese carácter y las transferencias lo contienen por definición. Pero, además, ese crecimiento se ha asentado sobre un déficit público permanente que ha dilatado, hasta extremos desconocidos, el *stock* de deuda pública y de deuda exterior. Dos desequilibrios enlazados que gravitan sobre el conjunto de la actividad económica.

El primero, la deuda pública, porque alimenta el déficit público, porque detrae recursos de la inversión privada y porque, en un mundo de libertad plena de movimientos de capital, introduce, en los mercados financieros, incertidumbres de hondo calado. El segundo, la deuda exterior, porque también presiona sobre el déficit corriente y porque frena la capacidad de crecimiento de la economía española, al acentuar la restricción exterior.

Premonición porque esa trayectoria de las Administraciones Públicas, que ha convertido a la sociedad española en una sociedad de transferencia, no puede proseguir so pena de provocar graves cortaduras en esa misma sociedad, en forma de crecimientos lentos, permanencia de tasas de desempleo elevadas y menor capacidad de transferencia. Las razones son evidentes. En la actualidad el número de personas que, en toda España, dependen del Presupuesto es ya superior al número de las que se encuadran en el sector privado de la economía. A menos que la tendencia se invierta, y el área de mercado crezca a mayor velocidad que la de no mercado, la fuente principal de la que se nutre el flujo global de renta —la venta de bienes y servicios, dentro y fuera de la economía—se irá cegando y apagándose el ritmo de crecimiento. Con tasas de crecimiento reducidas, y muy inferiores al producto potencial, se hará muy difícil absorber los volúmenes actuales de paro. La redistribución de renta que se opera desde el área de mercado a la de no mercado, y de la que depende el bienestar de múltiples segmentos de población, quedará perjudicada y pondrá en tela de juicio la viabilidad de los equilibrios sociales. De ahí la necesidad de cambiar el rumbo de la política económica, para que el necesario esfuerzo redistribuidor se apoye sobre un área de mercado con suficiente dinamismo. Tarea nada sencilla, la del cambio de rumbo, porque implica, ineludiblemente, una reducción continuada del peso relativo de ese gasto público y, por tanto, una merma de expectativas para muchos de los buscadores de rentas que en nuestra sociedad pululan.

He recibido, en la concepción y desarrollo de las ideas aquí contenidas, múltiples ayudas. Los profesores D. Manuel Varela, D. Eugenio Domingo, D. Juan Iranzo, D. Gregorio Izquierdo y D. Nicolás Díaz han tenido la paciencia de leer capítulos enteros de trabajo y de sugerirme una serie de cambios que, sin duda, las han mejorado. D. Luis Linde y D. Apolonio Ruiz, del Cuerpo de Técnicos Comerciales y Economistas del Estado, me han hecho comentarios que verán reflejados en el texto y que han servido para completar y reforzar muchos argumentos. Por otro lado, debo a D. Raúl Respaldiza la adecuada confección de cuadros gráficos, a Dña. María Jesús Lanuza el haber trasladado al procesador de textos la mayor parte del trabajo, a partir de una grafía poco inteligible, tarea que también realizaron, en parte, Dña. Inmaculada Gutiérrez y D. Rafael Nuche. A todos, por su aportación, agradezco la inestimable ayuda, sin que les pueda ser atribuido error alguno, de los que sin duda aún permanecen y de cuya paternidad soy único responsable.

1

La economía olvidada

1.1. EL SIGNIFICADO DE LO OBVIO

Se requiere una mente clara para comprender el significado de lo obvio, decía Whitehead, reflexión que puede aplicarse a campos muy diversos pero que, sin duda, es perfectamente válida en el acontecer económico: de forma permanente, y continuada, las políticas económicas aplicadas en multitud de países ignoran las consecuencias últimas que de ellas se derivarán, hacen caso omiso de lo obvio. España es uno de esos países.

¿Y qué es lo obvio en economía? Dos simples proposiciones. En primer lugar, que ningún agente económico —familias, empresas, gobiernos— puede gastar, permanentemente, más de lo que su renta le permite. En segundo lugar, que las políticas económicas no pueden, también de forma continuada, violentar las reglas en las que se asienta la propia actividad económica.

1.2. GASTAR POR ENCIMA DE LA RENTA

Las familias, el primero de los agentes económicos, no pueden incurrir en gastos superiores a su renta de forma continuada. Hay momentos en que una familia se ve obligada a actuar de esa forma, por ejemplo en el caso de enfermedad grave de uno de sus miembros. Puede, entonces, realizar todo o parte de su patrimonio —lo cual ya indica que, en el pasado, o bien ha heredado o bien su renta ha superado a su gasto—, o endeudarse frente a otros agentes económicos. Si, con carácter excepcional, actúa de esa forma, el resultado será la merma de su patrimonio o el compromiso de emplear parte de su renta futura para amortizar la deuda. Pero si el desequilibrio entre gasto y renta se mantiene, el patrimonio desaparecerá, no podrá seguir endeudándose porque ningún otro agente querrá concederle más crédito y tendrá que adaptar, finalmente, sus gastos a sus ingresos, con probable descenso de su nivel de vida: sin patrimonio y con deudas, su situación económica habrá seguramente empeorado; más aún, la fuente principal de renta que, en las actuales sociedades, suele ser el trabajo por cuenta ajena, puede haber quedado perjudicada, porque los comportamientos manirrotos suelen ser negativamente valorados. Lo probable, pues, es que la reducción de nivel de vida haya sido muy significativa, que su situación económica se haya empobrecido notablemente.

Tampoco las empresas, el agente productivo por antonomasia, pueden sistemáticamente gastar por encima de sus ingresos. Aunque las empresas operan con flexibilidad mayor que las familias, dado que la utilización de recursos ajenos es su manera habitual de desenvolverse, se espera de ellas que la cuenta de resultados sea positiva, de forma que los recursos propios puedan crecer, por vía de reservas, y el capital ser remunerado, por reparto de dividendos. Con carácter excepcional, las empresas pueden incurrir en pérdidas —por retracción de mercado, apalancamiento excesivo o crecimiento incontrolado—, pérdidas que enjugarán con cargo a recursos propios, pero la situación habrá de ser corregida prontamente so pena de ver cegados sus canales habituales de financiación —endeudamiento frente a terceros o ampliaciones de capital—, desmoronada su estrategia y abierto el camino que conduce a la desaparición. Nos referimos, eso sí, a la empresa privada que se desenvuelve sin ayudas especiales. Si la empresa es privada pero cuenta con apoyos públicos, por lo general en forma de subvenciones, la posibilidad de gastar por encima de los ingresos dependerá del volumen y duración de las ayudas que reciba; si se trata de una empresa pública, ligada al Presupuesto, su actividad podrá mantenerse, aunque sistemáticamente incurra en pérdidas, tanto como los poderes públicos quieran, puesto que su actuación no quedará enmarcada en el ámbito del acontecer económico, sino en el de las decisiones políticas.

Aunque pueda parecer lo contrario, tampoco los gobiernos, cuyos objetivos económicos son la provisión de bienes públicos y la redistribución de la renta, deben olvidar la regla; lo que sí pueden es ignorarla durante un período mucho más dilatado que las familias o las empresas. Por razones varias.

Los gobiernos disfrutan, frente a las otras dos categorías de agentes económicos, de cuatro ventajas innegables: su gran tamaño, no depender de una cuenta de resultados, el monopolio de creación de dinero y el poder fiscal. En una economía desarrollada, los gobiernos reasignan del 40 por 100 al 60 por 100 del Producto Interior Bruto, cifras no alcanzables por empresa alguna de su espacio económico y mucho menos por cualquier familia. Y el tamaño es el gran encubridor de ineficiencias, puesto que hace muy difícil valorar el impacto de cada una de las decisiones adoptadas en el terreno económico, tanto más cuanto que las razones económicas y las políticas se mezclan continuamente. No es fácil determinar el número de funcionarios que se requieren para desempeñar, adecuadamente, una serie de cometidos públicos; pese a que, en ocasiones, quepa advertir la escasa racionalidad económica de una serie de ayudas, que no harán sino aplazar la verdadera solución del problema, el probable contenido político de las mismas —sin ellas, se argumentará, la región o el sector se convertirían en polvorines sociales— hará muy difícil su valoración. Pero, además, ¿cómo valorar la eficacia asignadora de los gobiernos si no existe cuenta de resultados? En las empresas es la cuenta de resultados la que indica si los recursos están siendo empleados eficientemente, pero tal indicador no existe en la actividad pública: los bienes públicos no tienen precio, luego no es posible medir la escasez relativa ni calibrar productividades; ni es tampoco posible valorar la eficacia de los mecanismos de redistribución porque no hay señales que permitan conocer si los beneficiarios reales son aquéllos que más necesitan la ayuda. Gran tamaño o inexistencia de cuenta de resultados son las dos razones importantes que impiden medir la eficacia de la acción pública encuadrada, eso sí, en un presupuesto que resume, periódicamente, los gastos comprometidos y los ingresos esperados, presupuesto que, de no mantenerse equilibrado debería obligar a corregir el rumbo de la actividad de los gobiernos: en cualquier empresa, el desequilibrio recurrente entre ingresos y gastos obliga a tomar, con cierta perentoriedad, decisiones correctoras. No así en la actividad pública, porque el monopolio de creación de dinero de los gobiernos y su poder fiscal permiten que el desequilibrio se mantenga durante largos períodos.

No existe, en nuestro tiempo, país alguno que siga un patrón metálico, en virtud del cual la creación de dinero esté relacionada con las variaciones de una reserva metálica, generalmente un *stock* de oro. En todos los países, el dinero es fiduciario: no representa nada, no tiene valor como mercancía y su valor de cambio está basado en la confianza. Puede, por tanto, ser creado sin más límite que la desconfianza que puede generar su creación excesiva, razón por lo cual la emisión de dinero se encomienda a un único banco público, el emisor. Si ese emisor no está protegido por una ley que le conceda plena autonomía para decidir qué cantidad de dinero debe crear, para facilitar el volumen de transacciones acorde con el crecimiento de la economía y con el mantenimiento de la estabilidad, es muy posible que los desequilibrios presupuestarios se financien por simple creación de dinero. Bastará con que el Gobierno correspondiente ordene al banco central que haga frente a las necesidades de caja del Tesoro. Esa solución, que ha sido practicada por muchos países durante largo tiempo, entre ellos España, produce un efecto inevitable —la inflación— y termina por conducir a un callejón sin salida: la financiación inflacionaria hará aumentar los gastos de las Administraciones Públicas, los desequilibrios presupuestarios se harán mayores, la inflación se acelerará y el coste económico, social y político se hará insoportable. Razones todas ellas por las que, de forma gradual, los bancos emisores terminan por gozar de plena autonomía para diseñar y ejecutar la política monetaria y por las que se prohíbe la monetización del déficit público.

Pero aunque esa vía de financiación haya quedado cegada en muchos países, entre los que se encuentra España [1], el déficit puede financiarse por recurso

---

[1] Por ley 13/1994 se confiere autonomía al Banco de España y será el Banco el que definirá y ejecutará la política monetaria, con la finalidad primordial de lograr la estabilidad de los precios

al mercado, es decir mediante la emisión de deuda. No hay, por tanto necesidad imperiosa de corregir el desequilibrio dado que el ahorro privado, interno y externo, puede financiarlo y puesto que la amenaza que implica una deuda pública creciente queda, aparentemente, desvirtuada por el poder fiscal de los gobiernos.

Ese poder fiscal, que ningún otro agente económico posee, significa que los Parlamentos, el brazo legislativo del Estado y de cuya mayoría política se forman los gobiernos, pueden aumentar o disminuir las aportaciones que los otros dos agentes, familias y empresas, deben efectuar, de manera coactiva, a las arcas del Tesoro. Es decir, los tributos. Sin que exista, además, regla objetiva alguna que determine las figuras impositivas o el importe de la detracción correspondiente. No hay más regla que la decisión de los Parlamentos, emanada de valoraciones políticas y contenida en las leyes correspondientes. Es decir, el Gobierno es el único agente económico que puede hacer recaer sobre los demás agentes las consecuencias de sus ineficacias y errores; el agente, por tanto, que puede prolongar durante más tiempo el incumplimiento de la regla según la cual nadie puede, de manera recurrente, gastar más de lo que ingresa.

Y, sin embargo, también los gobiernos tendrán que acatar la regla iniciando, antes o después, un proceso de consolidación fiscal (por lo general, mediante reducción del gasto) que será tanto más doloroso cuanto más dilatado haya sido el período de desequilibrio presupuestario. Se verá obligado a ello porque los incrementos tributarios tienen un límite, porque las consecuencias perversas de los déficit se ramifican por toda la actividad económica y porque los mercados financieros penalizarán el desequilibrio.

Aunque el poder fiscal no sufre, en principio, de cortapisas legales —el Parlamento, ya se ha dicho, es soberano para aumentar la presión tributaria tanto como juzgue oportuno— la realidad social y la racionalidad económica establecen límites a la posibilidad de enjugar déficit continuos con periódicas elevaciones de impuestos. En sociedades acosadas por un largo rosario de impuestos, los simples anuncios de elevación reducirán el apoyo social del Gobierno que así proceda y, probablemente, mostrarán su ineficacia cuando se vuelquen en una norma. Por la primera de las razones, cabe observar que, en las confrontaciones electorales de los países desarrollados, todos los partidos repiten, con machaconería, su intención de no subir los impuestos aunque muchos, una vez alcanzado el poder, incumplan sus promesas. El último ejemplo de esa postura lo constituye el partido laborista británico, vencedor en las elecciones de mayo de 1997, que hizo de esa promesa uno de los mensajes de su campaña; promesa, por otro lado, totalmente contraria a la tradición laborista, defensora, en otros

---

(art. 7). La prohibición de financiar déficit públicos figura en el art. 13. Sobre los efectos que la autonomía de los bancos centrales produce, véase ALESINA y SUMMERS: «Central Bank Independence and Macroeconomic Performance: Some Comparative Evidence», *Journal of Money, Credit and Banking*, mayo 1993.

tiempos, de los altos impuestos y del impulso redistribuidor de las Administraciones Públicas; promesa, además, ya rota al anunciarse, en el proyecto de Presupuesto de 1998, toda una serie de elevaciones tributarias[2]. Es posible, por otro lado, que la curva de Laffer no posea validez empírica, en tanto que explicación de la relación existente entre nivel de impuestos personales y nivel de recaudación, pero el principio del que parte no puede ser olvidado: con elevados tipos marginales de renta, el incentivo para trabajar disminuye y, a partir de determinados niveles de impositivos, la recaudación puede disminuir, entre otras razones añadidas por la proliferación de conductas fraudulentas.

Las consideraciones anteriores no son las únicas que debilitan la posibilidad de reducir los déficit con aumentos impositivos. Quizás la más rotunda de las razones sea el efecto que una presión fiscal elevada produce sobre la asignación de recursos: la presión fiscal creciente supone reducir la renta disponible de familias y empresas y, consecuentemente, los niveles de ahorro privado, lo que, por regla general, reduce la inversión y la capacidad de crecimiento de las economías.

Los déficit fiscales no son puras expresiones contables del desarreglo de las finanzas públicas; son desajustes que se reflejan en el conjunto de la actividad económica. Los déficit públicos dilatan la demanda agregada y avivan el ritmo de inflación, lo que obligará a practicar una política monetaria restrictiva que provocará elevaciones de los tipos de interés; los déficit públicos, en la medida en que apelan al ahorro privado, generan un efecto de expulsión financiera que hará más difícil y costosa la financiación del sector privado de la economía; los déficit públicos terminan por desbordarse hacia el exterior de la economía, provocando desequilibrios corrientes e incremento de los pasivos exteriores. La sombra de los déficit fiscales continuados emborronará, por tanto, las decisiones y expectativas de todos los agentes económicos.

Ya sabemos, además, que los déficit fiscales han de ser financiados mediante emisiones de deuda, lo que da lugar a que, con déficit recurrente, el volumen de deuda crezca, a veces de forma explosiva porque, con tipos de interés altos, la dilatación de la deuda está asegurada: los intereses que haya que pagar por esa deuda ampliarán el déficit y, consiguientemente, el volumen de deuda de los períodos subsiguientes.

Finalmente, la actual libertad de movimientos de capital y el predominio, en todos los países, de la inversión institucional (fondos de pensiones, fondos de inversión, compañías de seguros), someterán, a los países acordonados por deuda y déficit, a sobresaltos continuos: ni los tipos de interés ni los tipos de cambio podrán ser estables porque la incesante valoración que los mercados financieros efectúan sobre el comportamiento nominal de las economías acentuará su volatilidad: cuando los tipos reales de interés sean elevados, el capital afluirá al

[2] Véase RUPERT DARWALL: «Gordon Brown's Sleight of Hand», *The Wall Street Journal Europe*, 7/7/97.

país endeudado y apreciará su tipo de cambio; cuando la combinación rentabilidad-riesgo de la inversión en el país se modifique, por menor rentabilidad o mayor riesgo, se producirá una salida de capitales que, además, depreciará el tipo de cambio.

Sucede, pues, que los gobiernos, por tamaño y carencia de estados contables que midan la eficacia de su actuación, pueden incurrir en múltiples errores sin que la aparición del déficit presupuestario les obligue a revisar, prontamente, su actuación porque gozan del monopolio de emisión y del poder fiscal; pero no pueden prolongar tales comportamientos de manera indefinida porque los engranajes económicos y financieros del sistema productivo rechazarán la continuidad de los desequilibrios y porque la vigilancia de los mercados financieros mundiales los penalizará. Los gobiernos pueden ignorar la restricción presupuestaria pero no sus efectos y esos efectos les obligarán, antes o después, a acatar la regla.

1.3. LOS PRINCIPIOS BÁSICOS DE LA ECONOMÍA

El primero de los principios en los que la actividad económica se asienta es la escasez: existe la economía porque los recursos con que se cuenta para satisfacer las necesidades de los sujetos económicos —alimentación, vestido, vivienda, educación, esparcimiento, ...— son escasos[3]. Donde no hay recursos escasos, no hay actividad económica, pero cuando la escasez aparece, surgen, también, las decisiones económicas. El aire es, aparentemente, un recurso ilimitado pero el aire limpio, sin proporción notable de contaminantes, no es ya un recurso abundante, por lo menos en las grandes urbes de todo el mundo; de ahí que la preocupación por el aire contaminado crezca por doquier y que las decisiones económicas correspondientes se vayan adoptando: en muchos países se prohíbe la instalación de fábricas que no estén dotadas de los elementos necesarios para reducir la contaminación, los automóviles han de contar con filtros especiales y usar gasolinas sin plomo, y abundan las regulaciones y prohibiciones que persiguen el mismo fin. Y aunque las medidas sean de orden técnico, su contenido es económico puesto que generan costes y modifican las expectativas de los agentes económicos.

Los agentes privados saben bien que sus decisiones no pueden ignorar el principio de escasez; los gobiernos debieran saberlo pero, con frecuencia, pro-

---

[3] LIONEL ROBBINS: «An Essay on The Nature and Significance of Economic Science». MacMillan, Londres, 1972. Edición primera de 1932. Según ROBBINS, la ciencia económica estudia el comportamiento humano en tanto que relación entre medios escasos y susceptibles de usos alternativos. (pág. 16). GARY BECKER lleva a cabo un notable esfuerzo de ampliación y clasificación del enfoque económico en «The Economic Approach to Human Behavior», contenido en «The Essence of Becker», compilación de R. FEBRERO y P. SCHWARTZ, *Hoover Institution Press*, Stanford, California, 1995.

curan ignorarlo en un inútil intento de dar satisfacción a conjuntos incompatibles de demandas sociales, dado que nuestras sociedades no están formadas por grupos armónicos, capaces de entender las restricciones que acompañan a la actividad económica, ni gobernadas por partidos políticos que antepongan determinados objetivos sociales a sus propios intereses políticos. Nuestras sociedades están formadas por maximizadores de satisfacción.

La pretensión normal de las familias es maximizar su utilidad, haciendo máxima la renta real disponible, es decir la que resulta de descontar, de la renta monetaria percibida, la inflación y los impuestos directos. Si las familias observan que su renta queda mermada por la inflación, presionarán para obtener mayores rentas y lo mismo ocurrirá con la cuña fiscal: cuanto mayor sea, mayor será la presión para mejorar la renta. La presión buscará, ante todo, la mejora de las retribuciones, salariales o de cualquier otra índole, pero, además, intentará obtener, de los gobiernos, los mayores beneficios posibles, en forma, sobre todo, de transferencias. Y, puesto que la presión individual no suele rendir demasiados resultados, la similaridad de intereses hará nacer los grupos de presión, aunados unas veces por criterios profesionales, otras por situaciones laborales, otras, en fin, por necesidades circunstanciales. Esos grupos de presión recabarán, de los gobiernos, cualquier tipo de ayuda que aumente la renta real disponible de sus integrantes.

La pretensión primera de las empresas es maximizar su beneficio neto, para lo cual sus gestores procurarán administrar con eficacia los recursos de que disponen, y mantener y ampliar el margen empresarial. Es posible, en muchos casos, lograr tales propósitos sin necesidad de ayudas externas, pero siempre cabe mejorar ese margen con la intervención de los gobiernos, lo que hace que, en la vida empresarial, proliferen los buscadores de rentas. Esa búsqueda de rentas, derivadas unas veces de normas reguladoras de los mercados y otras de programas específicos, se efectúa, en ocasiones, por los propios gestores de las empresas y, en ocasiones, por profesionales de esa actividad, especializados en convencer a legisladores y funcionarios de lo razonable de sus propósitos[4].

Los gobiernos, cierto es, se forman con el fin de poner en práctica toda una serie de acciones encaminadas a mejorar la suerte de la sociedad a la que sirven, acciones que vienen configuradas por los valores políticos que cada partido defiende. Pero el objetivo primero de partidos y gobiernos —son los partidos que concurren a las elecciones los que nombran los gobiernos— es maximizar su tiempo de permanencia en el poder porque el poder es el cauce necesario de la acción política.

---

[4] Sobre grupos de presión veáse, ante todo, la obra clásica de MANCUR OLSON «La lógica de la acción colectiva». Limusa, México, 1992. El original inglés data de 1971. Aunque son muchos los trabajos dedicados a los buscadores de rentas, término con el que se designa a los agentes que tratan de lograr beneficios ahormando, a su favor, las regulaciones públicas, un buen resumen de sus orígenes y efectos es «Rent Seeking» de GORDON TULLOCK y Edward Elgar, University Press, Cambridge, 1993.

Y puesto que la permanencia en el poder se consigue por mayoría de votos, lo que los partidos políticos ofrecen, en sus campañas electorales, es, en el terreno económico, el conjunto de beneficios que, a su entender, hará máximo el número de votos a su favor. En sociedades complejas, de amplia información y saturadas de grupos de presión y buscadores de rentas, la oferta electoral terminará por ser tan amplia que su aplicación planteará un problema insoluble o de solución dañina, por cuanto la satisfacción de las demandas planteadas acarreará, con el paso del tiempo, disfunciones graves.

El segundo de los principios supone que esos recursos limitados pueden ser utilizados de diferentes formas, que existen usos alternativos.

Las familias, sujetas a la restricción presupuestaria que determina su renta disponible, buscan optimizar su consumo intertemporal: recuérdese que el ahorro no es sino el consumo diferido. Sus pautas de consumo implican, pues, elecciones continuas, con diferentes niveles de utilidad y costes de oportunidad distintos, y las pautas erróneas significarán moverse en curvas de indiferencia subóptimas. Las empresas, sometidas también a la restricción presupuestaria marcada por la suma de recursos propios y capacidad de endeudamiento, procurarán maximizar su beneficio intertemporal, para lo cual habrán de decidir qué producir, cuánto producir y cómo producirlo. Los errores en la asignación de recursos supondrán flujos de beneficios por debajo del óptimo y, en consecuencia, erosión de su capacidad competitiva: sus posibilidades expansivas quedarán mermadas y disminuidas, así, sus posibilidades de mantenerse en el mercado. Los gobiernos, cuya restricción presupuestaria vendrá dada por los ingresos fiscales, habrán de decidir entre los gastos corrientes (transferencias y consumo) y los de capital (inversión pública). Los primeros satisfarán demandas sociales, los segundos impulsarán el ritmo de crecimiento global. El hecho de que se muevan en el área de no mercado hará que las decisiones públicas estén sometidas a un contraste mucho más difuso, en términos de elección adecuada, pero los costes de oportunidad aparecerán igualmente en forma de menor ritmo de crecimiento.

La tercera de las reglas es simple: el ahorro es el puente entre el presente y el futuro; sin ahorro suficiente, el futuro se debilita.

Ahorran las familias, las empresas y los Gobiernos. El ahorro de las familias es la parte de su renta disponible que no se consume y todo parece indicar que, sin olvidar el impacto de los ritmos demográficos y de la complejidad de los sistemas financieros, la acción pública parece modular ampliamente los niveles de ahorro familiares: si los impuestos suben, el ahorro familiar cae; si los gastos sociales aumentan, el ahorro familiar disminuye porque aquéllos sustituyen, en parte, a éste; si los gastos sociales disminuyen, o se estima que pueden disminuir en el futuro, el ahorro familiar se incrementa. El ahorro familiar, canalizado por los circuitos financieros, financiará los procesos de inversión empresariales.

El ahorro de las empresas son los beneficios netos no distribuidos, ahorro que también se relaciona con una serie de variables. El tipo de interés real parece, en este caso, influir mucho más que en el ahorro familiar; los impuestos, en la medida en que condicionan los beneficios netos, determinan las posibilidades de ahorro empresarial; la capacidad para endeudarse, es decir la posibilidad de no depender de la autofinanciación, es otra variable explicativa de cierta importancia. Las empresas, como es lógico, ahorran para aumentar la capacidad productiva o para iniciar nuevos proyectos.

El ahorro de los gobiernos es la diferencia existente entre sus ingresos corrientes, predominantemente ingresos fiscales, y los gastos corrientes. Las razones que determinan los niveles de ahorro público no parecen ser económicas sino políticas. Una de ellas es la probabilidad de que el partido en el gobierno siga en el poder tras las siguientes elecciones: habida cuenta del largo período de maduración de las inversiones públicas, la decisión de ahorrar para invertir predominará si la probabilidad es alta y se reducirá si es baja. Otra de las razones es el grado de inestabilidad política: cuanto mayor, menor ahorro público. Una razón adicional es el grado de polarización política, la similitud o disparidad de preferencias de los partidos políticos: a mayor similitud, mayor ahorro; a mayor disparidad, menor ahorro. Los Gobiernos, por supuesto, ahorran para financiar inversiones públicas y para transferir capital.

La suma del ahorro familiar, empresarial y público constituye el ahorro nacional, es decir los recursos internos de que se dispone para financiar inversiones: los componente de ese ahorro nacional quedan, además, interrelacionados puesto que, como ya se ha indicado, la política fiscal incide en las tasas de ahorro familiares y empresariales, con una característica específica: el aumento del ahorro público reduce el ahorro privado pero lo reduce en menor medida: Edwards considera, tras examinar lo sucedido con un conjunto amplio de países, que un punto del aumento del ahorro público sólo reduce en 0,55 puntos el privado, lo que da como resultado un incremento del ahorro nacional [5]. La situación inversa parece también quedar refrendada por la verificación empírica: el FMI considera que la disminución del ahorro público es lo que explica, en muy buena medida, los casi tres puntos de disminución del ahorro nacional que se observa, en los principales países industriales, al comparar el período 1973-80 con el 1981-94 [6].

Dos son los interrogantes que aparecen al relacionar ahorro y crecimiento: 1) ¿a mayor ahorro, corresponde mayor tasa de crecimiento?; 2) ¿el ritmo de crecimiento, depende del volumen de ahorro nacional?

La tasa de crecimiento parece mantener un vínculo muy directo con la tasa de ahorro. Según los datos del FMI, referidos al período 1973-93, los ritmos de crecimiento de países muy distintos, desarrollados y en desarrollo, responden, por lo general, al nivel de sus tasas de ahorro; sin que la correlación permita

[5] SEBASTIÁN EDWARDS: «Why are saving rates so different across countries?: an international comparative analysis», NBER, *Working Paper* núm. 5.097, 1995. Muchas de las consideraciones hechas aquí sobre el ahorro proceden de ese trabajo.

[6] FMI: Perspectivas de la economía mundial. mayo de 1995. Cap. V. Págs. 75-76.

dibujar un escenario mecánico —a mayor ahorro, mayor inversión y mayor crecimiento— porque el proceso de crecimiento no puede olvidar la influencia del progreso técnico, de un lado, y de las disponibilidades de mano de obra, del otro [7]. Con todas las cautelas que cualquier análisis introduce en la relación ahorro-crecimiento [8], el pensamiento dominante parece suscribir, sobre este punto, dos ideas centrales. En primer lugar, que el ahorro impulsa el crecimiento, por la vía de la acumulación de capital. En segundo término, que la causalidad parece iniciarse en el ahorro aunque, posteriormente, se produzca un círculo virtuoso según el cual el ahorro eleva la renta y la renta el ahorro, lo que permite alcanzar sendas de crecimiento altas y estables.

En teoría, el ritmo de crecimiento no tiene por qué depender del volumen de ahorro nacional porque la inversión puede financiarse con ahorro externo: en un mundo de libre circulación de capitales y de complejos circuitos financieros, el ahorro exterior puede facilitar la inversión interior y, por tanto, las tasas de ahorro e inversión internas pueden desvincularse. Sin negar la posibilidad de recurrir al ahorro externo [9], las variaciones en las tasas de inversión parecen, en el pasado reciente, haber correspondido, de manera singular, a las variaciones en las tasas de ahorro interno [10]. Una correspondencia que puede ser explicada por diferentes vías: por las trabas existentes a los movimientos de capital durante largos períodos, trabas que fueron definitivamente eliminadas a principios de los años noventa; por el riesgo asociado al tipo de cambio, lo que hace que los inversores prefieran la moneda nacional; y porque la apelación constante al ahorro externo plantea, a medio plazo, el problema de la sostenibilidad de la deuda exterior.

La correspondencia entre las tasas de inversión y de ahorro internos comienza a reducirse, sobre todo en economías muy integradas, como las de la Unión Europea [11], pero el volumen de ahorro interno seguirá siendo, probablemente, la variable determinante de la inversión —incluso al desaparecer, con el Euro, el riesgo de cambio— porque ni los niveles de tipo de interés ni la situación de las cuentas exteriores pueden aguantar, durante largos períodos, el apla-

[7] ROBERT SOLOW ha efectuado una serie de precisiones sobre la naturaleza de las variables que inciden en el crecimiento, precisamente para descartar el mecanicismo: «Perspectives on Growth Theory», *Journal of Economic Perspectives*, 8, 1994.

[8] Véase, por ejemplo, el trabajo de ANDRÉS; CUTANDA, y DOMÉNECH: «Los determinantes del ahorro y su influencia en el crecimiento económico», en *Papeles de Economía Española*, núm. 70, 1997.

[9] España es un buen ejemplo de apelación al ahorro externo, sobre todo en el período 1986 a 1994. Véase «El ahorro en España y su evolución», de JULIO ALCAIDE INCHAUSTI, *Papeles de Economía Española* núm. 70, 1997, Cuadro A.

[10] El trabajo más conocido, en este terreno, es el de FELDSTEIN y HORIOKA: «Domestic Saving and International Capital Flows», *The Economic Journal*, junio 1980. Cierto es que el período analizado, 1961-74, se caracteriza por la existencia de obstáculos importantes a la libre movilidad del capital.

[11] Como se desprende del trabajo de JOSÉ LUIS RAYMOND: «Una aproximación macroeconómica al ahorro. Del círculo vicioso de la riqueza al círculo vicioso de la pobreza». *Papeles de Economía Española* núm. 70, 1997.

namiento del ahorro nacional. Por ello, y en la medida en que se acepte que los crecimientos futuros dependen de las tasas de inversión y que éstas quedan fuertemente condicionadas por las tasas de ahorro interno, el ahorro nacional sigue siendo puente indispensable entre el presente y el futuro [12].

El cuarto de los principios, discutido durante décadas pero ya ampliamente aceptado, es que la inflación no remedia ninguno de los males de una economía.

El debate central no es otro que la polémica keynesianos-monetaristas sobre el funcionamiento de las economías de mercado. Para los keynesianos la economía de mercado es inestable a corto plazo —los ritmos de crecimiento pueden moverse muy por debajo de los niveles de pleno empleo— lo que requiere adoptar medidas para estabilizarla: para lograr que el crecimiento permita evitar niveles de paro muy superiores a los friccionales. ¿Cómo? Dilatando la demanda global de la economía a través de medidas fiscales y monetarias. Los gobiernos pueden aumentar el gasto público, la principal receta keynesiana, y pueden también aumentar la cantidad de dinero para reducir los tipos de interés, y estimular el consumo y la inversión privados. Esa modulación de la demanda supone un cierto riesgo inflacionario que al keynesianismo tradicional no preocupa demasiado por un doble motivo: porque entiende, por una parte, que el mayor ritmo de crecimiento real —la producción acrecentada de bienes y servicios— frenará el crecimiento de los precios; y porque admite que es preferible un cierto grado de inflación, con alto nivel de empleo, que la estabilidad con desempleo. La curva de Phillips, que relaciona, inversamente, inflación y desempleo, es el exponente más conocido de este segundo criterio.

Para los monetaristas, de las diversas escuelas, la economía de mercado es bastante estable y, sobre todo, autoequilibradora: si existe flexibilidad de precios y salarios, cualquier disminución de la demanda se corregirá, por el juego de esas dos variables, y aparecerá una nueva situación de equilibrio; si existe flexibilidad de salarios el desempleo no debe alcanzar niveles inquietantes porque la reducción de salarios dará lugar a mayor demanda de horas de trabajo. Ahora bien, cada país registra, en cada momento, una tasa de paro —la tasa natural— derivada de una serie de características estructurales, en especial de la organización del mercado de trabajo, que no puede ser reducida sin modificar previamente esas condiciones. Estimular, por tanto, el gasto nominal de una economía no se traducirá, para los monetaristas, en un mayor crecimiento y un menor desempleo, sino en una mayor inflación. Hacer crecer, con rapidez, la cantidad de dinero no tendrá sino efectos negativos sobre el conjunto de la economía [13].

---

[12] Vid. VICTORIO VALLE: «Política de ahorro en España: reflexiones y sugerencias», *Papeles de Economía Española* núm. 70, 1997.

[13] La polémica keynesianos-monetaristas ha sido vertida a múltiples trabajos, de entre los que recomendamos, del lado keynesiano, el de FRANCO MODIGLIANI, «The Monetarist Controversy or, Should We Forsake Stabilization Policies?», *American Economic Review*, marzo 1977; y, del lado monetarista, el de MILTON FRIEDMAN, «Inflation and Unemployment», *Journal of Political Economy*, junio 1977.

Los años cincuenta y sesenta parecieron dar la razón, en los países industriales, a las proposiciones keynesianas. En momentos recesivos, los gobiernos adoptaban políticas fiscales y monetarias expansionistas, el ritmo de crecimiento se recuperaba, los niveles de empleo aumentaban y las tasas de inflación no superaban los límites política y socialmente aceptables; y, en todo caso, cuando los límites se sobrepasaban se invertía el signo de la política económica y se frenaba la inflación a costa de un ligero aumento del desempleo. Y todo ello sin que, aparentemente, los mecanismos básicos de las economías se resintieran.

Hacia finales de los años sesenta, los datos de los principales países comenzaron a invalidar los presupuestos keynesianos: paro e inflación podían crecer, al mismo tiempo, lo que inutilizaba las políticas de impulso a la demanda y acercaba la realidad al esquema monetarista. Las llamaradas inflacionistas de los años setenta, desencadenadas por la primera de las crisis energéticas y por la aplicación de políticas adaptativas, mostraron, de forma generalizada, las grietas que la inflación puede producir en los mecanismos de asignación de recursos y, por tanto, su coste en términos de crecimiento. La creencia en las virtudes balsámicas de la inflación se había desmoronado [14].

No es que el debate entre keynesianos y monetaristas haya sido enterrado. Probablemente no lo será nunca porque, tras sus meandros teóricos, subyace una concepción radicalmente distinta de funcionamiento de una economía capitalista, una concepción cargada de percepciones morales. La que sí ha sido enterrada es la correspondencia inflación-empleo que legitimaba cualquier política de regulación de demanda. Para la mayoría de los economistas, sea cual sea su credo, la inflación no resuelve nada porque corroe las bases del crecimiento. Por dos vías fundamentales.

En primer lugar, la inflación genera incertidumbre, tanto mayor cuanto más elevada sea; y la incertidumbre reduce la eficacia del sistema de precios, un sistema cuya función principal es facilitar información a los agentes económicos para que puedan decidir qué, cómo y cuánto producir. La información básica viene dada por los precios relativos, es decir por los precios de productos y factores en términos de otros productos y factores, puesto que, por ese conducto, se pueden identificar las escaseces relativas; pero lo que los agentes económicos observan son precios absolutos en la moneda correspondiente. Si la variación de precios es lenta, es decir si la inflación es muy baja, no resulta difícil conocer, a través de los precios absolutos, los precios relativos; con inflación alta, las señales se difuminan y la capacidad informativa del sistema de precios disminuye alarmantemente [15]. La incertidumbre, por otro lado, no sólo invalidará esos cauces de información, sino que, en muchos casos, reducirá la formación de capital: los inversores suelen retrasar las decisiones de inversión cuan-

---

[14] Véase Martin Feldstein: «The Retreat from Keynesian Economics», *The Public Interest*, 64, verano de 1981.

[15] M. Friedman, *art. cit.*, pág. 467.

do se mueven en un entorno inflacionista, a la espera de que la incertidumbre remita.

En segundo lugar, la inflación tiende a hacer disminuir el ahorro privado: en un clima inflacionista prolongado, los incentivos para ahorrar disminuyen considerablemente al erosionarse la capacidad adquisitiva de las rentas. ¿Para qué ahorrar si el consumo futuro será inferior al consumo presente? Y la disminución del ahorro, ya lo hemos señalado, reducirá la inversión y, por tanto, la capacidad de crecimiento.

Si el mecanismo de asignación de recursos queda enmohecido, si las decisiones de inversión tardan en materializarse y el ahorro privado disminuye, el ritmo de crecimiento se hará más lento —la inflación, por tanto, se habrá convertido en un freno de primer orden: los efectos de ese freno en el crecimiento diferirán de unos a otros países, al ser distintas las características institucionales, pero la verificación empírica parece indicar que son los países con muy baja inflación los que han logrado mayores y más duraderas tasas de crecimiento[16]. Una conclusión bastante lógica, pese a las pasadas opiniones favorables a la idea de la inflación como lubrificadora del crecimiento, si se tiene en cuenta que la tasa de inflación no es sino un indicador primero de la buena gestión de las economías[17].

1.4. DE LA IGNORANCIA DE LAS REGLAS

Ignorar, por parte de los gobiernos, las cuatro reglas en las que se asienta la actividad económica conduce, de forma sistemática, a la economía de endeudamiento, a la aparición de un volumen importante de deuda interna y externa.

Si no se tiene en cuenta que los recursos son escasos —escasos en cada momento, aunque puedan aumentar con el tiempo— se procurará dar respuesta a un conjunto de demandas incompatibles con el volumen de recursos disponibles. Se procurará, a un tiempo, aumentar la provisión de bienes públicos; ampliar las transferencias, para aumentar la cobertura de una serie de riesgos sociales y para responder a las casi infinitas peticiones de ayuda que familias y empresas reclamarán para mejorar su renta; y mantener la inversión pública, aunque sea esta última la variable menos atendida. Esas peticiones son, por lo general, reincidentes: las demandas sociales difícilmente desaparecen con el tiempo; al contrario, tienden a aumentar. El resultado es un crecimiento del gasto público no acompasado al de los ingresos y la aparición de déficit fiscales que dilatarán el volumen de deuda.

---

[16] Véase, muy en especial, S. FISCHER: «Te role of macroeconomic factors in growth», *Journal of Monetary Economics,* núm. 32 (1993). Un amplio análisis de las causas y efectos de la inflación figura en el Cap. VI de «Perspectivas de la economía mundial», octubre de 1996, del FMI. Su título «Auge y caída de la inflación».

[17] S. FISCHER: *op. cit.*, pág. 487.

Si no se acepta que los recursos públicos son susceptibles de usos alternativos, el camino es el mismo pero marcado por una serie de problemas confluyentes. Ya se ha señalado, en el párrafo anterior, que el olvido de la restricción presupuestaria aboca, necesariamente, al déficit y la deuda; el error sistemático en la asignación de recursos hará que déficit y deuda aumenten a mayor velocidad. Por una simple razón: porque las posibilidades de crecimiento se debilitarán. Pese a la importancia cuantitativa del consumo, el mayor de los componentes de la demanda agregada, la variable que más condiciona el ritmo de crecimiento es la inversión, no sólo porque aumenta la capacidad productiva del país, sino también porque mejora la competitividad de muchas empresas y, en consecuencia, coadyuba al aumento de las exportaciones de bienes y servicios, el tercer componente de esa demanda. En una economía de mercado, la inversión privada representa, siempre, un porcentaje muy elevado del total de la inversión, pero la inversión, pública, la creación de capital social fijo, reviste importancia extrema porque genera un conjunto de economías externas que mejorarán la productividad total de los factores. Una nueva autopista sirve, aparentemente, para que el tráfico sea más fluido y seguro, pero cumple además otras funciones: aproxima los mercados, reduce los costes de transporte (menor consumo de combustible de los camiones, más lenta reposición del equipo capital) y, con el paso del tiempo, aumenta la transparencia, y en consecuencia la eficacia, de múltiples mercados de bienes y servicios. Descuidar la inversión pública, por atender los gastos corrientes, significa reducir el pulso de la economía, crecer más lentamente; y ese menor crecimiento acentuará el déficit y la deuda: menores ritmos de crecimiento supondrán menores ingresos públicos, al contraerse la base imponible de familias y empresas; menores ritmos de crecimiento significarán mayores gastos públicos, al dilatarse la cobertura de una serie de riesgos sociales, en especial el desempleo. Por una vía que desemboca en la misma senda, el descuido de los usos alternativos, por parte de los gobiernos, repercutirá en el crecimiento de los volúmenes de deuda.

Si no se estimula el ahorro, el resultado será la aparición y consolidación de la deuda exterior y, de nuevo, la aminoración del ritmo de crecimiento. Y, sobre el nivel de ahorro interno —la tasa de ahorro nacional— inciden múltiples factores pero, sobre todo, la política económica seguida por los gobiernos. Ya se ha señalado que la presión fiscal afecta al ahorro privado: con impuestos crecientes, el ahorro privado tiende a reducirse, una tendencia que no afectaría al ahorro global si las Administraciones Públicas impulsaran, a su vez, su ahorro poniendo freno a los gastos corrientes. Como, por lo general, sí reducen su ahorro, el efecto final es una contracción de la tasa de ahorro nacional que dará lugar a un doble impacto: apelación al ahorro externo y reducción de la tasa de inversión. Para no recortar la inversión pública hasta mínimos insostenibles —piénsese que, en muchas ocasiones, el ahorro público es negativo— hay que recurrir al ahorro exterior, lo que va generando un déficit corriente repetido y un acrecentamiento de los pasivos exteriores. Con baja tasa de ahorro nacional, la tasa de inversión tiende a caer —puede no hacerlo en momentos concretos pero, a medio plazo, la caída se producirá— y el resultado será un menor ritmo de crecimiento que, a su vez, tendrá efectos negativos sobre la tasa de ahorro. El círculo virtuoso, al que ya hemos hecho referencia, se habrá trocado en círculo vicioso.

Si no se lucha decididamente contra la inflación por entender que, de alguna forma, es un mal menor, los resultados, desde el punto de vista de la capacidad productiva del país, no se harán esperar en forma de más inflación, más deuda interna y más deuda externa. Toda inflación sostenida crea un clima de anticipación e incertidumbre. Anticipación porque los agentes económicos tratarán de adelantarse a sus efectos —las familias forzarán, por todos los caminos posibles, aumentos de retribución superiores a la tasa esperada de inflación; las empresas elevarán los precios también por encima de la inflación esperada—; incertidumbre porque, como ya se ha dicho, en un entorno inflacionista, la previsión se hace muy difícil: ¿cómo prever la estructura de tipos de interés?; ¿cómo calcular las amortizaciones del capital productivo?; ¿cómo presupuestar, de manera aquilatada, los escandallos de costes? Por esas dos vías, esfuerzo de anticipación e incertidumbre, la inflación se mantendrá e intensificará. El gasto público experimentará, también, tirones recurrentes, puesto que su componente fundamental, el gasto corriente, es intensivo en trabajo y reclamará ajustes continuos al crecimiento de los precios; el déficit tenderá a mantenerse y acentuarse, con el consiguiente aumento de la deuda. La inflación es uno de los principales disolventes de la competitividad de las empresas porque provoca continuos efectos de sustitución, tanto en los mercados internos como en los externos. La inflación es, por tanto, un dilatador del déficit corriente y, en consecuencia, uno de los caminos seguros para hacer crecer la deuda exterior.

Los gobiernos pueden olvidar durante años las reglas anteriores, pero no las pueden desechar porque la economía de endeudamiento tiene unos costes que, necesariamente, obligarán a recordar la primera de las proposiciones enunciadas: que a ningún agente económico le es dado gastar, de forma continua, más de lo que su renta le permite. Antes o después, la política económica tendrá que efectuar un viraje pronunciado para contener los desperfectos que la economía de la deuda irá generando en el engranaje económico. Antes o después habrá que adoptar las medidas necesarias para reducir el endeudamiento y estimular el crecimiento si, de verdad, se pretende mantener y acrecentar el bienestar social.

Las reglas enumeradas no son sino los preceptos básicos para lograr que las economías de mercado se muevan, con los altibajos propios del ciclo, dentro de una senda de crecimiento razonable; son, por tanto, las piezas de un entorno económico que no entorpezca las decisiones privadas y permita que sean los mercados, y no los Gobiernos, los que guíen la asignación de recursos. Lo cual remite, necesariamente, a una simple cuestión: ¿si las reglas son ésas, por qué los gobiernos de tantos países las olvidan de forma tan sistemática?

La pregunta puede dar lugar a respuestas múltiples, pero esas respuestas no deben esquivar el núcleo del problema: la naturaleza de los resortes que condicionan las decisiones públicas en una democracia moderna.

Pese a que la opinión pública piensa, en múltiples ocasiones y en la generalidad de los países, que los políticos profesionales que representan el poder legislativo y ejecutivo son, por su mediocridad, poco aptos para dirigir el país —opinión que resulta ser mayoritaria, sea cual sea el partido que gobierne— la idea carece de fundamento. Si así fuera, si los problemas pudieran ser resueltos por la fuerza de la inteligencia, las políticas económicas no resultarían vacilantes, las reglas enumeradas no se olvidarían tan fácilmente, las contradicciones no serían tan frecuentes ni los cambios de política tan recurrentes. No son las personas que ostentan el poder político las que, sistemáticamente, se equivocan; es la misma esencia de ese poder el que plantea problemas muy difíciles de resolver y el que hace que el sector público tienda a los números rojos [18].

Ya se ha señalado que, para el poder político, el primer objetivo es, en una democracia, mantenerse en el poder. No por ninguna razón inconfesable, sino porque la acción política no puede encauzarse sino a través del poder. Y, para lograr el poder, y mantenerlo, es preciso contar con los votos de una mayoría de los ciudadanos, ciudadanos que van a formar su criterio no de manera reflexiva —sólo muy pocos van a actuar de esa forma—, sino de la mano de los grandes medios de comunicación. En una sociedad moderna, y mediática, los grandes medios de comunicación son los vehículos que enlazan a los partidos políticos con los votantes: son, por tanto, los grandes intermediarios sociales [19]: los partidos piden el voto a través de esos medios de comunicación, sobre todo a través de la televisión; y los ciudadanos forman su opinión por conducto de los medios de comunicación.

¿Es posible ganar una mayoría de votos con una oferta política en la que se insista en la necesidad de respetar las cuatro reglas enumeradas y dejar que sean las decisiones privadas las que muevan la economía? Evidentemente no. Ni los medios de comunicación refrendarían ese mensaje —salvo excepciones— ni los ciudadanos lo apoyarían. Unos y otros, medios y ciudadanos, apuestan siempre porque la oferta política ofrezca soluciones al mayor número de problemas concretos del mayor número posible de segmentos sociales. Lo cual lleva a que las ofertas de los diferentes partidos se diferencien muy poco y constituyan verdaderos catálogos de promesas de gasto; al fin y al cabo ningún partido quiere quedarse corto, en ese terreno, porque presagia el coste, en número de votos, de quedarse rezagado.

¿Por qué no refrendarían el mensaje sobrio los grandes medios de comunicación? Porque también intuyen que, de hacerlo, su audiencia —de lectores, radioyentes y, sobre todo, televidentes— disminuiría e iría a engrosar la de la

---

[18] La expresión es de BUCHANAN; ROWLEY, y TOLLISON. Véase su trabajo «Government by Red Ink» en su compilación «Deficits», Basil Blackwell, Nueva York, 1987.

[19] Sobre este punto, y en el escenario norteamericano, véase «The Media Game. American Politics in the Televisión Age», de ANSOLABEHERE; BEHR, e IYENGAR, MacMillan, Nueva York, 1993.

competencia, lo que daría como resultado menores ingresos de publicidad y, por tanto, tensiones financieras.

¿Por qué no aceptarían el mensaje sobrio los ciudadanos? Porque a nadie interesa especialmente el futuro, sino el presente y el presente se nutre de promesas concretas. Bajo esos supuestos, ¿qué predomina en las ofertas electorales en el terreno económico? El corto plazo, las soluciones conducentes a incrementar el gasto público y los mensajes mágicos.

La subestimación de las necesidades futuras no es sólo el supuesto normal de comportamiento del consumidor; es la regla de oro de la acción política moderna porque, desde el punto de vista de los partidos políticos, si el corto plazo no se asegura, el largo plazo no existirá. Los partidos gobernantes necesitan obtener resultados a corto plazo, resultados que convenzan a los ciudadanos y que, por tanto, conciten su apoyo político. El largo plazo importa menos, mucho menos, porque el cúmulo de incertidumbres que lo rodea es mucho mayor y porque los éxitos inmediatos —los resultados que convenzan a franjas amplias de la sociedad— pueden repercutir sobre el largo plazo de manera positiva.

¿Cómo se conquista, políticamente hablando, el corto plazo? Por lo general, con mayor gasto público corriente, el que, de forma más directa, incide sobre el bienestar de los ciudadanos. Si las pensiones aumentan, la atención médica gratuita se amplía, los subsidios se multiplican o se contratan más funcionarios públicos, el impacto, sobre la opinión pública, es mayor; si lo que se promete es mejorar las comunicaciones o aumentar los fondos dedicados a investigación, el impacto es mucho menor porque los efectos aparecerán mucho más tarde y no se individualizarán. Para el caso de que los gobiernos se formen mediante coalición, la presión para que aumente el gasto público corriente será todavía mayor porque cada partido de la coalición procurará atender a su propia clientela política y la suma de atenciones dilatará las necesidades de gasto. Por serio que sea el propósito de cada miembro de la coalición, respecto de la contención del gasto, el resultado será el mismo porque no se podrá resolver el «dilema del prisionero»: cada miembro de la coalición se empeñará en defender la parcela de gasto que más le importa, lo que dará como resultado el crecimiento del gasto total[20].

Los mensajes mágicos consisten, por una parte, en convencer a los votantes de que todo es posible y, por la otra, convencerse de que efectivamente lo es. De lo contrario, la oferta electoral carecería de la necesaria consistencia. No se puede transmitir a los votantes duda alguna sobre las dificultades de responder, a un tiempo, a todos los reclamos sociales porque, entonces, esos votantes podrían poner en tela de juicio la coherencia del mensaje electoral y, por consi-

---

[20] ROUBINI y SACHS: «Political and Economic Determinants of Budget Deficits in the Industrialized Democracies», *European Economic Review*, núm. 33 (1989). La no solución del dilema del prisionero figura en ese trabajo.

guiente, poner también en duda el sentido de su voto. Amén de que, con Administraciones Públicas que reasignan del 40 por 100 al 60 por 100 de la renta global, ¿quién puede calibrar el coste del gasto marginal? Ese gasto podrá llevarse a cabo bien porque no requiera provisión alguna por parte del sector público, bien porque se renuncie a otros gastos. El sector público, que sí conoce el alcance de la restricción presupuestaria, necesita, a su vez, de argumentos que le permitan superarla, argumentos que pueden revestir formas muy distintas, desde considerar que el gasto no tiene entidad suficiente como para desvirtuar los presupuestos, hasta suponer que los ingresos públicos pueden superar las previsiones y, por tanto, permitir un volumen adicional de gasto.

Con el paso del tiempo, y la aparición de desequilibrios globales de difícil manejo, los gobiernos se ven abocados a recordar las reglas ya enumeradas, a volver a la ortodoxia económica, pero difícilmente adoptarán las medidas de estabilización, que entrañan costes políticos considerables, si no disponen de una coartada sólida. Esta coartada puede ser la absoluta imposibilidad de soportar el coste de los desequilibrios —la coartada endógena— o la necesidad de seguir unas reglas impuestas desde una instancia política superior —la coartada exógena—[21].

1.5. LO OCURRIDO CON LA ECONOMÍA ESPAÑOLA

Con breves paréntesis, las políticas económicas del período 1975-1995, han ignorado las cuatro reglas básicas de la actividad económica.

El gasto de las Administraciones Públicas se elevó desde el 26 por 100 del PIB (1975) hasta el 47 por 100 del PIB (1995), dando lugar a un déficit constante desde el año 1976. Entre esos dos años, el gasto corriente (transferencias + consumo) pasó del 22 por 100 del PIB al 42 por 100, es decir la redistribución y la provisión de bienes públicos fueron los dos grandes motores de la acción pública. En porcentaje del PIB, el ahorro nacional perdió unos tres puntos desde el inicio al fin del período. Pese a poner en práctica, desde 1977, políticas monetarias restrictivas, la inflación, situada en 15,5 por 100 (IPC, 1975) se mantuvo en el nivel de dos dígitos hasta 1984 y, aún en 1995, apenas había logrado bajar del 5 por 100. En el año final del período, la deuda pública supuso el 65,91 por 100 del PIB y los pasivos exteriores netos el 19 por 100 del PIB[22]. La economía de endeudamiento, incipiente al principio del período, había alcanzado niveles alarmantes al final del mismo.

---

[21] Sobre este punto, véase ALESINA y DRAZEN: «Why Are Stabilizations Delayed?». *American Economic Review*, diciembre 1991.

[22] Los datos de gasto público y su composición proceden del *Anexo Estadístico de Papeles de Economía Española*, los de inflación del núm. 62 de *European Economy* y los de posición neta internacional del *Balance of Payments Yearbook*, 1996, del FMI.

Es posible que los costes derivados de la economía de endeudamiento hubiesen obligado a cualquier gobierno a desandar lo andado y a respetar las reglas, pero también es posible que las múltiples resistencias sociales siguieran convirtiendo las declaraciones públicas en simples rosarios de buenos deseos; al fin y al cabo, ningún gobierno deja de pensar que las medidas correctas bien pueden aplazarse dos o tres años más. Hay que suponer, por tanto, que el cambio de rumbo, pese a estar contenido en los programas de los dos grandes partidos, socialista y popular, y especialmente en el de éste último, no hubiera tenido lugar sin la coartada exógena: la necesidad de cumplir las condiciones de Maastricht, para incorporarse a la moneda única, y de mantener después los grandes equilibrios, para cumplir el Pacto de Estabilidad.

Los capítulos que siguen tratan de desvelar las vías por las que la deuda se ha ido acumulando, la naturaleza de los problemas que esa deuda plantea y las hipotecas que de la misma derivan en el terreno de la política económica.

2

La irresistible ascensión del gasto público

2.1. LAS VÍAS DE LA ACCIÓN PÚBLICA

En una economía desarrollada, las Administraciones Públicas —Estado, Seguridad Social, entidades regionales y locales— tienen, como funciones económicas, redistribuir la renta, producir bienes públicos y aumentar el capital social; es decir, transferir, consumir e invertir. Los recursos con los que cuentan para hacer frente a esos gastos proceden, en su casi totalidad, de los impuestos, si bien una pequeña parte puede provenir de otras fuentes: beneficios obtenidos por el banco central, ingresos de loterías, participación en empresas de muy diversa índole, alquileres de inmuebles de su propiedad o transferencias recibidas del exterior.

En suma, las Administraciones Públicas, convertidas hoy en el principal agente económico de cualquier país occidental, llevan a cabo una serie de gastos y obtienen ingresos que se nutren, básicamente, de los impuestos.

El Esquema 2.1 permite comprender las instituciones incluidas en España bajo la rúbrica de Administraciones Públicas, es decir, las que forman el área de no mercado del sector público, dado que los bienes (servicios) que producen no están destinados a la venta y que una parte muy importante de su actuación consiste en redistribuir la renta y la riqueza.

Por lo que a la realidad española se refiere, y sin que existan diferencias apreciables respecto de otros países OCDE, la composición de cada grupo de gasto efectuada por las A.A.P.P. es la siguiente:

Transferencias corrientes. Prestaciones sociales (pensiones, jubilaciones, cobertura del desempleo), subvenciones de explotación a empresas públicas y privadas, contribuciones al Presupuesto de la Unión Europea, gastos de cooperación internacional e intereses de la deuda pública.

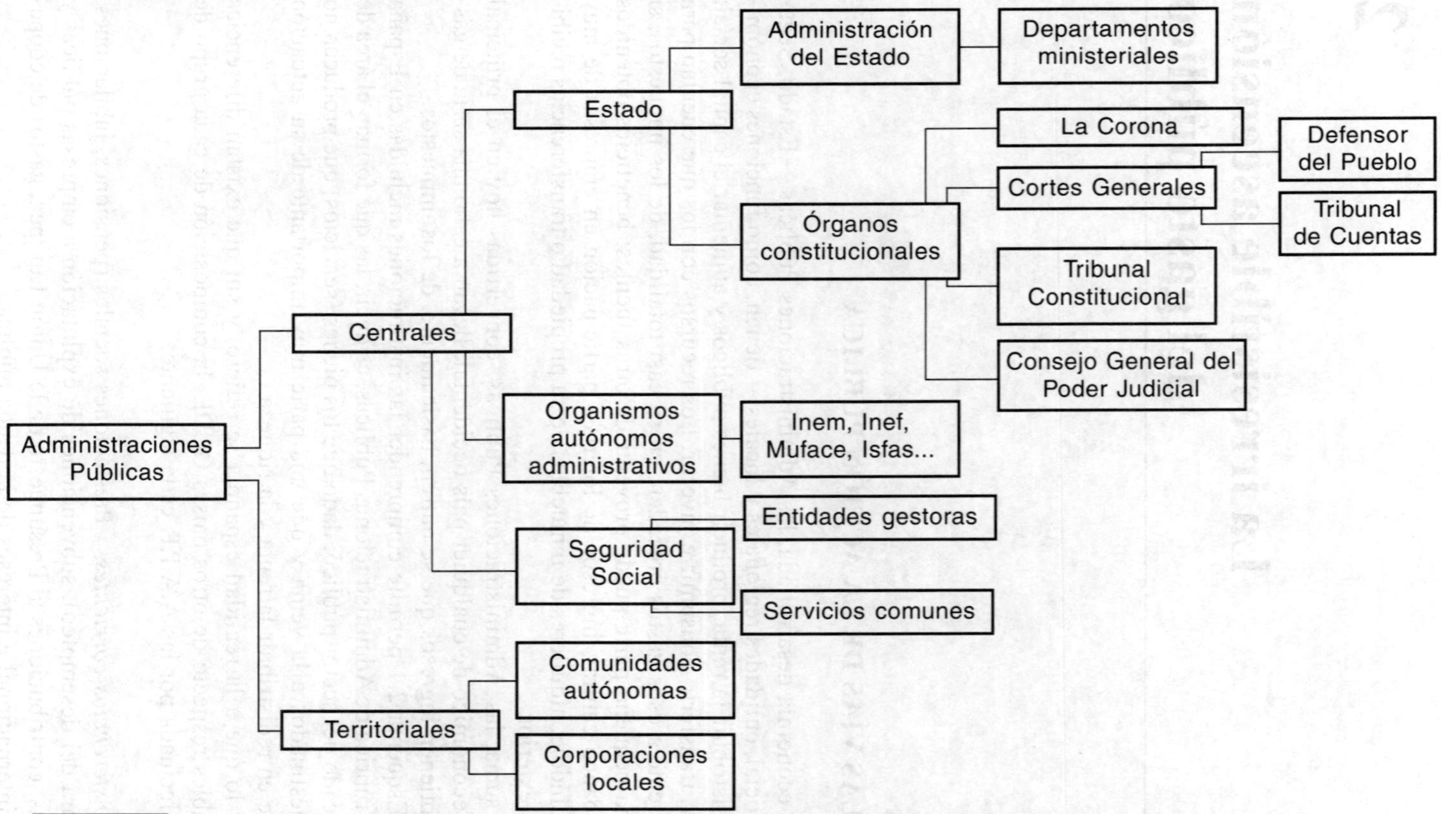

Fuente: Ministerio de Hacienda. Presentación del Proyecto de Presupuestos Generales del Estado, 1997. Gráfico II.2

Esquema 2.1. Ámbito de las Administraciones Públicas.

Transferencias de capital. Aportaciones al capital social de empresas públicas o privadas o de organismos internacionales.

Consumo público. Abarca la producción de bienes públicos —sanidad, justicia, educación, defensa, regulación administrativa, etc... El componente fundamental del consumo público son los salarios de los funcionarios, civiles y militares, a lo que hay que añadir los gastos complementarios que sus actividades entrañan: transportes, comunicaciones, consumo de electricidad, adquisición y conservación del material bélico, etc...

Inversión pública. Creación de capital social fijo, en forma de redes de transportes y comunicación, instalaciones de saneamiento, etc...

El peso económico de las Administraciones Públicas se suele medir por la proporción que representa el gasto público sobre el Producto Interior Bruto o, en ocasiones, sobre el Producto Nacional Bruto, pero la valoración de esa acción pública requiere, también, tomar en cuenta su composición. Cuanto mayor sea la proporción de gasto sobre producto total mayor es, por definición, el grado de intervención económica (regulación aparte) puesto que la presencia pública se correlaciona, directamente, con esa proporción. Pero, además, su influencia será distinta en función del peso relativo de los grupos de gasto: las transferencias y el consumo apenas producen efecto sobre la capacidad de crecimiento a corto plazo, aunque sí puedan modular su capacidad a largo plazo —en especial, sanidad y educación— mientras que la inversión pública, generadora de múltiples economías externas, afecta, de forma inmediata, a la capacidad de crecimiento porque facilita el aumento de la productividad. En el Gráfico 2.1 puede observarse la evolución del gasto público español en el período 1975-1995, un gasto que ha pasado del 26 por 100 aproximado del Producto Interior Bruto (1975) al 47 por 100 aproximado (1995), con un máximo en 1993, año en el que la proporción rozó el 50 por 100. Y puede también advertirse que los dos componentes que han crecido con más rapidez han sido las transferencias corrientes y el consumo público: las primeras han pasado, en dicho período, del 12 al 25 por 100, mientras que el segundo se eleva del 10 al 17 por 100, en cifras aproximadas. Transferencias corrientes y consumo público —redistribución y producción de bienes públicos— se han convertido así, en nuestro país, en los grandes dilatadores del gasto total puesto que las transferencias de capital tienen un peso reducido, y escasamente variable, en el conjunto —alrededor del 2 por 100— y la inversión pública casi nunca ha superado el 5 por 100 del total, con tendencia a oscilar alrededor del 3 por 100.

La economía española se ha situado por tanto entre las economías OCDE más intervenidas, como refleja el Gráfico 2.2, y con un gasto/PIB que se aproxima a la media de la Unión Europea.

España no ha seguido, es cierto, una senda pública distinta a la de los países desarrollados de su entorno aunque se haya incorporado al grupo de mayor intervención en un período más corto —le han bastado poco más de veinte años para doblar el peso económico de las Administraciones Públicas, la mitad del

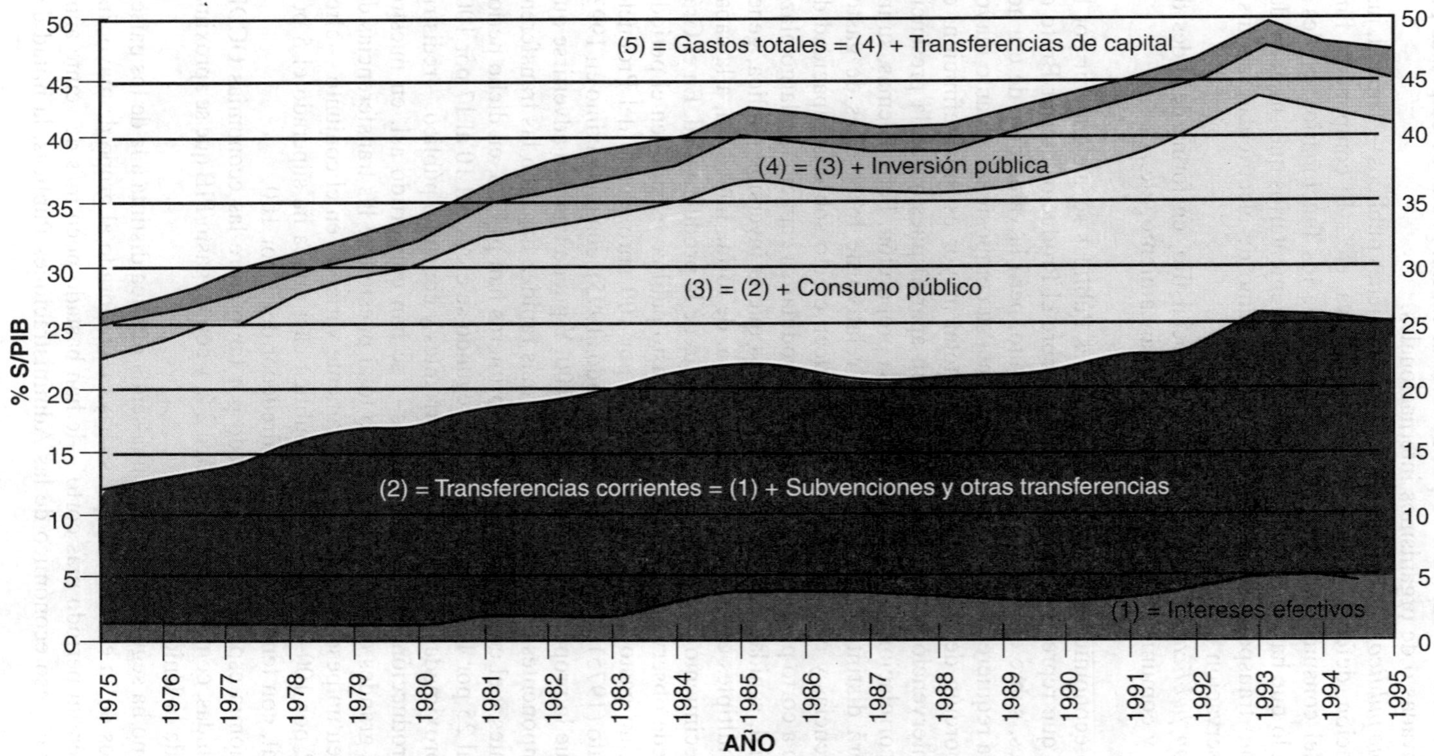

Fuente: Fundación FIES: *Papeles de Economía Española* núm. 68, 1996, Tablas 2A y 2B

Gráfico 2.1. Evolución del gasto de las Administraciones Públicas (en % s/ PIB).

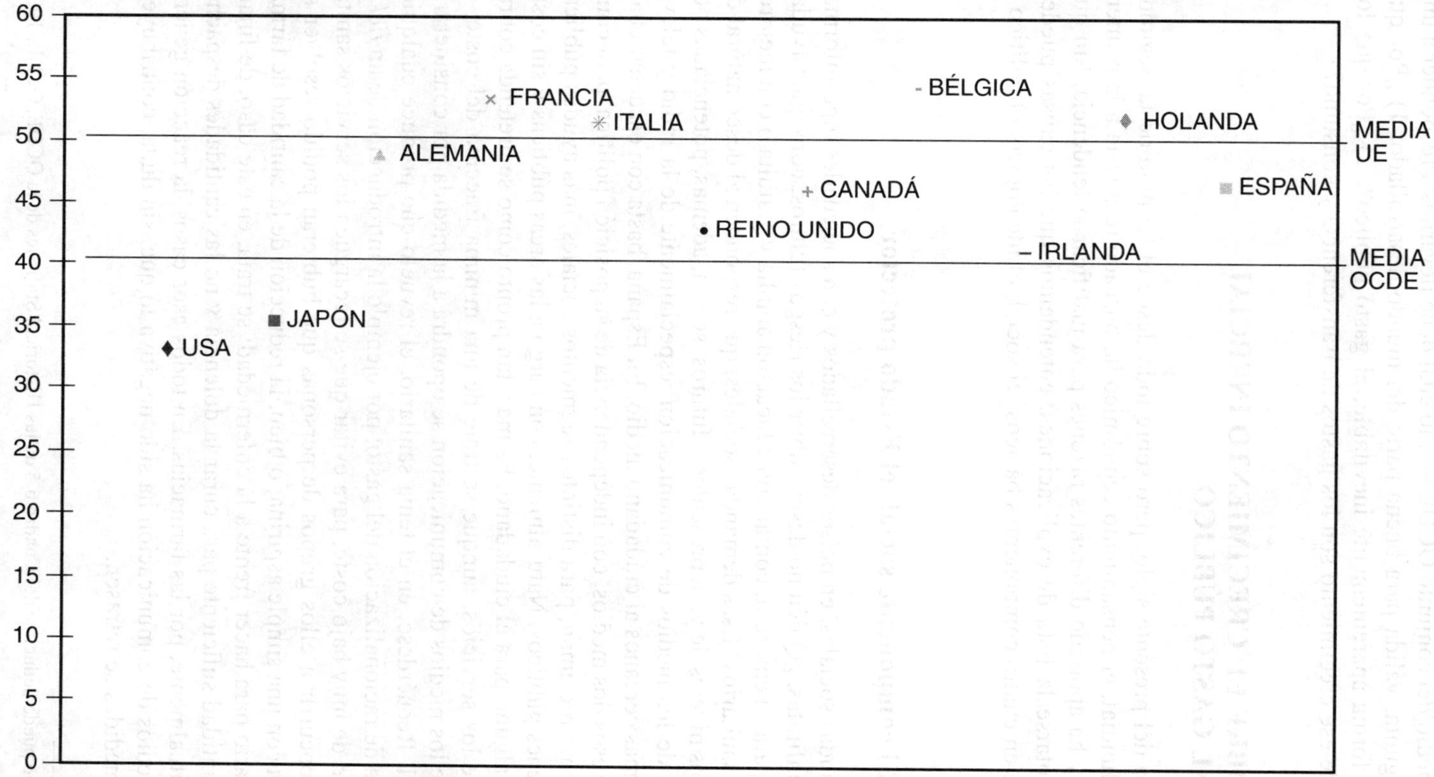

Fuente: OCDE: Economic Outlook, octubre 1996.

Gráfico 2.2. Gasto público en economías OCDE, 1995 (en % s/ PIB).

período medio del conjunto OCDE [1]—; lo cual debe llevarnos a responder a una doble pregunta, válida para buena parte del mundo desarrollado: 1) ¿Por qué crece, de forma aparentemente inevitable, el gasto público?; 2) ¿Por qué los motores de ese crecimiento son los gastos de transferencia y consumo?

2.2. SOBRE EL CRECIMIENTO INERCIAL DEL GASTO PÚBLICO

A lo largo del presente siglo, pero sobre todo desde el término de la Segunda Guerra Mundial, el pensamiento económico ha buscado respuesta a la primera pregunta y ha aportado diferentes razones para justificar la tendencia. Sin que pueda agotarse la lista de explicaciones, entendemos que las causas pueden agruparse en cuatro componentes básicos: el social, el ideológico, el político y el legal.

2.2.1. El componente social: el Estado protector

Las demandas sociales, en países desarrollados y con sociedades hiperinformadas, son infinitas. ¿Quién no desea cubrir los riesgos futuros, conseguir ayudas públicas para su empresa, contar con educación amplia y gratuita o con mejores servicios sanitarios? Esas demandas sociales, que responden al deseo natural de mejorar los niveles de vida presentes y futuros, se ven, además, potenciadas por la acción de los medios de comunicación, especialmente de la radio y televisión, los más cercanos al ciudadano medio. En España, basta con escuchar cualquiera de esos dos medios, con independencia de su posición política, para comprobar cómo reclaman, para distintos segmentos sociales, más ayudas públicas y más bienes públicos. Naturalmente, con cargo a las arcas públicas y sin coste aparente alguno para el ciudadano. Es más, tan pronto como se pretenda cobrar alguno de los servicios, aunque se trate de una mínima fracción del coste, el grueso de los medios de comunicación se opondrá a la medida por considerarla antisocial. Recuérdese, en el tema sanitario, el revuelo que produce cualquier propuesta de racionalización del gasto: por ejemplo la introducción de un *ticket* regulador, de muy bajo coste, para evitar que se recarguen los servicios sanitarios al concurrir a ellos grupos de personas que hubieran podido resolver su problema con una simple aspirina; o bien, la reducción de la cantidad de fármaco necesario para hacer frente a la enfermedad: se trata, en este caso, de financiar la cantidad suficiente para curar la dolencia y no las cantidades despachadas, habitualmente, por las farmacias. En todos esos casos, la reacción general de los medios de comunicación ha sido negativa lo que, sin duda, contribuye a que las medidas se retrasen.

[1] Como puede deducirse del Cuadro 6.5 de las Historical Statistics de la OCDE, OCDE, 1996.

¿Qué induce a los medios de comunicación a reaccionar, por lo general, de esa manera? Muy probablemente, y como ya se ha señalado, sus propios intereses. El objetivo primordial de cualquier medio de comunicación es aumentar su audiencia, sea ésta de lectores, radioyentes o televidentes, puesto que la publicidad, de donde nacen sus ingresos, será más amplia cuanto mayor sea el número de personas que reciba el mensaje publicitario. Apoyar los recortes de gasto público no aumentará, por lo general, la audiencia del medio, puesto que los perjudicados por esos recortes notarán, de inmediato, el perjuicio y los teóricamente beneficiados —en general, el conjunto de la sociedad— adoptarán una actitud indiferente; criticar los recortes de gasto público permite, por el contrario, sumar voluntades y ganar adeptos amén de practicar el arte, a veces subyugador, de la demagogia social. De ahí que los medios de comunicación, los que verdaderamente cincelan las reacciones sociales, se conviertan, las más de las veces, en dilatadores del gasto público.

No hay que olvidar, además, que el ciudadano medio de los países de la Unión Europea entiende que el Estado (en realidad, el Gobierno) debe resolver una serie de problemas que le afectan. Un punto de vista que alcanza, en nuestro país, límites exacerbados y da vida a una extraña paradoja: la gran mayoría de la sociedad española desconfía totalmente de la acción del Estado, que resuelve mal los problemas o que, en ocasiones, los empeora; pero, al mismo tiempo, entiende que es ese mismo Estado, desorganizado, ineficaz y derrochador, el que debe dar solución a los problemas de cada cual. ¿Tradición, miedo a la libertad, confianza en que, para el caso concreto, la solución será la adecuada? Cabe pensar en esa mezcla de ingredientes en un país, España, tradicionalmente mal gobernado, con ciudadanos temerosos del poder de los gobiernos y, al mismo tiempo, creyentes en las soluciones mágicas.

Las anteriores razones carecerían de peso si el ciudadano percibiese, con nitidez, el coste personal del gasto público. Si cada ciudadano sintiese, en su bolsillo, ese coste, lo más probable es que se opusiera al gasto. Imaginemos, por ejemplo, lo que ocurriría si, por carta personal, se informase a cada contribuyente de lo que debe pagar, adicionalmente, para cubrir las pérdidas de una determinada empresa pública o para aumentar el número de funcionarios del conjunto de las administraciones. Lo normal es que se produjese un rechazo generalizado puesto que los individuos, sea cual sea su procedencia, reaccionan ante el coste explícito. No reaccionan, o lo asumen, cuando el coste no es explícito o cuando entienden que serán los demás los que lo soportarán.

El Presupuesto es el gran difuminador de costes explícitos, puesto que los impuesto se recaudan, coactivamente, sin asignación definida y el gasto se decide por el Gobierno, nacional, territorial o local, con la aprobación del respectivo órgano legislativo. Es más, y pese a las razones que se quieran alegar sobre participación ciudadana, el ciudadano es, en realidad, un sujeto pasivo cuya opinión cuenta poco, tanto a la hora de recaudar impuestos como a la de decidir el gasto. Sólo cuando los costes se explicitan e individualizan es cuando aparecen las protestas ciudadanas: nadie sabe lo que cuesta construir una autopista, y nadie se opone a la construcción de autopistas o de trazados determinados, pero, por lo general, nadie acepta, de buena gana, que se cobre un precio por su uso. Más aún, la opinión pública es, en nuestro país, favorable a que se supriman los peajes existentes; un claro ejemplo de ilusión fiscal puesto que, suprimidos los peajes, el Presupuesto deberá asumir un gasto adicional.

La gran mayoría de los ciudadanos apoya el gasto público, sin demasiados recelos, si entiende que obtendrá, del mismo, beneficios netos —es decir, si calcula que lo que va a recibir será superior a lo que le va a costar—. Dicho de otra forma, si considera que son los demás los que van a financiar el gasto. Esa postura inicial, que caracteriza a todas las sociedades occidentales, es la que sustenta la teoría del votante mediano, es decir de aquél cuya renta es la mediana de la sociedad. Ese votante mediano impulsará el gasto público, muy especialmente el de carácter redistributivo, porque supone que le permitirá elevar su nivel de vida al considerar, al mismo tiempo, que los impuestos necesarios recaerán sobre las capas de renta más alta, a las que él no pertenece. En la sociedad española el mecanismo funciona, además, con notable éxito, por varias razones. La primera de ellas es que, de acuerdo con la tradición católica, el sentir generalizado no es el de premiar el mérito, sino el de buscar la igualdad; entre otras razones porque hay poca gente, en nuestro país, que crea en la retribución del mérito y que no atribuya la ascensión social, en especial la económica, a la influencia o a las artes inconfesables. En segundo lugar, porque la guerra civil y la muy larga postguerra produjeron un corte penetrante en nuestro tejido social, «es de los nuestros» es una frase que, en España, cuenta con raíces emocionales muy profundas— que aún pervive, pese a los años transcurridos desde que terminara el conflicto fundamental y pese a los cambios sociales acaecidos desde entonces—. Y esa pervivencia hace que muy diferentes estratos sociales apoyen los programas de gasto público por confiar en que sus beneficios serán «para los nuestros» y los costes «para ellos». Finalmente porque, en la actualidad, las diferencias regionales de renta y empleo son muy elevadas, lo que lleva a los votantes de las regiones más desfavorecidas a forzar el gasto de carácter redistributivo porque intuyen, con cierta lógica, que los costes se acumularán en las regiones más ricas.

La racionalidad que preside, por regla general, las decisiones individuales de gasto —el gasto descontado de un período no debe superar a los ingresos, también descontados, de ese mismo período— no es aplicable a las decisiones sociales por las razones enumeradas que se ven, además, potenciadas por factores adicionales.

2.2.2. El componente ideológico: la desconfianza del mercado

Lo que denominamos economía de mercado, es decir una economía de decisiones privadas y con un Estado de acción muy limitada —defensa, justicia y algunos servicios y obras públicas— es una construcción teórica que nunca se ha instalado en tejido social alguno. Sólo en algunos casos, y durante períodos más o menos largos, han existido realidades cercanas al modelo teórico: Norteamérica e Inglaterra desde la mitad del siglo XIX hasta la Primera Guerra Mundial. Francia y Alemania, por el contrario, constituyen, para el mismo período, ejemplos de economías con notable intervención pública encaminada, de un lado, a regular la actividad de los agentes económicos básicos y, del otro, a estimular el esfuerzo industrializador. Pese a todo, y a principios de los años treinta, el gasto público medio de las principales economías OCDE oscilaba alrededor del 20 por 100 del producto total.[2]

El galopar del gasto se va a producir tras el estallido de la Segunda Guerra Mundial, primero por las necesidades inherentes al esfuerzo bélico y, después, por la acción conjunta de las tres proposiciones económicas que, hasta mediados de los años setenta, constituirían el paradigma dominante: la teoría de los fallos del mercado, la necesidad de estabilizar las economías y el compromiso público de protección social. Según la primera, ligada a la economía del bienestar, los mercados pueden, en múltiples casos, reducir el bienestar social —medido por criterios walraso-paretianos— porque funcionen en régimen de monopolio o porque la actividad privada genere un haz de deseconomías externas. De ahí la necesidad de intervención pública, de índole muy varia, para corregir esas deficiencias. De acuerdo con la segunda, estrechamente vinculada al pensamiento de Keynes, el capitalismo es inestable a corto plazo y requiere, por parte del sector público, la búsqueda de un nivel de demanda agregada que evite las caídas de la producción y el aumento del paro. Esa modulación de la demanda global dependerá, por una parte, del tipo de interés, pero muy especialmente de la inversión pública; política monetaria y política fiscal se convierten así en las palancas primeras de la economía y, lo que es más importante, el Estado pasa de ser el vigilante de la acción privada al protagonista del acontecer económico: no importa demasiado el expediente que utilice con tal de que el ritmo de crecimiento se mantenga a corto plazo. El impacto que el corto plazo pueda tener en el largo no preocupa ni a Keynes ni a sus discípulos. La tercera de las proposiciones, la creación del denominado Estado de Bienestar, deriva, en el occidente capitalista, de una triple necesidad: tras la consolidación del bloque soviético, y de su oferta de poner en pie, mediante la dirección centralizada de la economía, una sociedad sin carencias ni riesgos futuros, las economías del mercado buscan, mediante la intervención pública, redistribuir la renta y proteger al ciudadano de las contingencias fundamentales; puesto que la demanda agregada es la palanca básica de regulación de la actividad económica, la redistribución de renta, al estimular el consumo, facilitará el ajuste de la misma; el bienestar conseguido mediante todas esas intervenciones reforzará la cohesión social y mantendrá el conflicto de clases en mínimos perfectamente tolerables.

---

[2] VITO TANZI, y LUDGER SCHUKNECHT: «The Growth of Government and the Reform of the State in Industrial Countries», *FMI Working Paper*, WP/95/130, 1995.

Ese paradigma que predica, en realidad, una intervención profunda de los mecanismos económicos es prohijado por todos los partidos pero, en especial, por los socialistas (socialdemócratas) occidentales, para los que el Estado debe ser el motor de la transformación social, sin que les resulte aceptable el modelo de socialismo real y dictadura de partido impuesto en la esfera de influencia soviética. Porque el paradigma da respuesta a tres de sus propósitos políticos: domeñar el capitalismo, evitar la depresión y el paro, hacer de la solidaridad el basamento de la democracia. Una economía regulada e intervenida no es, en realidad, una economía capitalista porque las decisiones individuales quedan influidas por la acción compensadora del sector público; a través de las dos palancas básicas de la política económica se puede lograr un crecimiento sin baches, o por lo menos sin baches apreciables, que mantenga el desempleo en el nivel friccional; con sistemas fiscales de fuerte progresividad, financiadores de servicios públicos gratuitos y coberturas amplias de riesgos individuales, las diferencias de renta deben aminorarse y el principio de solidaridad hacerse patente. Un claro ejemplo de esa adhesión al paradigma, en momentos en que éste había mostrado ya sus variadas grietas, es la política inicial puesta en pie por el Partido Socialista francés al llegar, en 1981, al poder: nacionalización de las grandes empresas para que las decisiones económicas dependieran, sobre todo, del Gobierno; estímulo sustancial a la demanda agregada por medio de elevaciones salariales generalizadas y políticas macroeconómicas laxas; intensificación de la progresividad fiscal para reducir las diferencias de renta y ampliar las coberturas sociales. El desplome vertiginoso del franco francés y la pérdida acelerada de los equilibrios básicos pusieron fin, en pocos meses, al sueño intervencionista del partido socialista francés y anunciaron, con rotundidad, que el modelo intervencionista de las tres décadas anteriores había entrado en vía muerta. Un modelo intervencionista que requiere un constante aumento del gasto público y que había llevado a buena parte de las economías que hoy forman la Unión Europea, a sostener, a finales de los años setenta, un gasto público superior al 50 por 100 del Producto Bruto[3].

El Cuadro 2.1, de clasificación funcional del gasto público, muestra el impacto que la desconfianza del mercado produce en el comportamiento de las Administraciones Públicas españolas en el período 1975-95.

Un primer efecto se deduce del incremento de los gastos de intervención económica en las dos partidas de subvenciones de explotación y transferencias de capital: del 2,15 por 100 del PIB en 1975 al 3,64 por 100 en 1995, con un máximo de 4,73 por 100 en 1984. Bajo esas rúbricas se engloban las ayudas a empresas públicas y privadas, en forma de subvenciones, y las aportaciones de capital que han sido necesarias para mantener a flote el vasto complejo de empresas públicas, redimensionado, en los últimos años, con la aparición de núcleos autonómicos y locales de importancia creciente.

---

[3] OCDE: Historical Statistics. 1960-1994. Edición de 1996. Cuadro 6.5.

Cuadro 2.1. Clasificación funcional del gasto público.
(En % S/PIB)

	1975	1976	1977	1978	1979	1980	1981	1982	1983	1984
A. Gastos comunes	4,60	4,75	4,31	4,37	4,56	5,26	5,52	5,56	5,93	5,84
Defensa nacional	1,74	1,78	1,66	1,79	1,81	1,98	1,92	1,98	2,21	2,28
Servicios generales	2,86	2,97	2,65	2,58	2,75	3,28	3,60	3,58	3,72	3,56
B. Gastos de distribución	16,15	17,30	17,55	19,87	20,99	21,65	23,06	22,63	23,31	23,26
Prestaciones sociales	9,25	9,96	10,36	11,92	12,99	12,70	14,09	13,93	14,34	14,28
— Pensiones	5,62	6,73	7,39	8,81	9,42	8,58	9,11	9,10	9,56	9,59
— Desempleo	0,48	0,57	0,84	1,22	1,64	2,23	2,75	2,59	2,47	2,40
— Otras prestaciones	3,15	2,66	2,13	1,89	1,93	1,89	2,23	2,24	2,31	2,29
Bienes sociales redistributivos	6,90	7,34	7,19	7,95	8,00	8,95	8,97	8,70	8,97	8,98
— Educación	2,09	2,33	2,45	2,94	3,11	3,27	3,12	3,01	3,21	3,30
— Sanidad	3,77	3,91	3,66	4,10	4,00	4,53	4,54	4,29	4,16	3,94
— Vivienda y servicios colectivos	1,04	1,10	1,08	0,91	0,89	1,15	1,31	1,40	1,60	1,74
C. Gastos de intervención económica	4,87	4,64	5,32	5,17	4,73	5,49	6,16	7,73	7,54	7,71
— Subvenciones de explotación	1,14	1,30	1,41	1,89	1,69	2,08	1,96	2,48	2,56	2,76
— Inversiones	2,72	2,35	2,70	2,14	1,82	1,87	2,29	3,05	2,80	2,98
— Transferencias de capital	1,01	0,99	1,21	1,14	1,22	1,54	1,91	2,20	2,18	1,97
D. Intereses deuda pública	0,47	0,45	0,51	0,55	0,61	0,73	0,80	0,97	1,29	2,00
E. Ajustes en clasificación	0,00	0,37	1,34	0,92	1,33	0,03	0,18	0,53	0,44	0,15
Gastos totales (A+B+C+D+E)	26,09	27,51	29,03	30,88	32,22	33,16	35,72	37,42	38,51	38,96
PRO MEMORIA										
Ingresos públicos	25,72	26,77	27,95	28,66	30,01	30,53	31,83	31,84	33,78	33,96
Déficit público	–0,35	–0,73	–1,06	–2,22	–2,24	–3,23	–4,64	–6,40	–5,56	–6,09

Cuadro 2.1. Clasificación funcional del gasto público. (En % S/ PIB). (*Continuación*).

	1985	1986	1987	1988	1989	1990	1991	1992	1993	1994	1995
A. Gastos comunes	6,75	6,93	6,66	6,29	6,65	6,29	6,69	6,36	6,67	6,55	6,30
Defensa nacional	1,99	2,10	2,21	1,83	1,77	1,55	1,90	1,17	1,33	1,25	1,08
Servicios generales	4,76	4,83	4,45	4,46	4,88	4,74	4,79	5,19	5,43	5,30	5,22
B. Gastos de distribución	24,76	24,14	24,19	24,23	24,46	25,04	25,97	27,85	29,10	28,57	27,75
Prestaciones sociales	14,33	13,95	13,80	13,86	13,94	14,41	15,25	16,15	16,97	16,66	15,99
— Pensiones	10,21	10,02	9,70	9,65	9,69	9,92	10,26	10,97	11,54	11,65	11,63
— Desempleo	2,78	2,70	2,71	2,70	2,71	2,83	3,19	3,37	3,75	3,30	2,59
— Otras prestaciones	1,34	1,23	1,39	1,51	1,54	1,66	1,80	1,81	1,68	1,71	1,77
Bienes sociales redistributivos	10,43	10,19	10,39	10,37	10,52	10,63	10,72	11,70	12,13	11,91	11,76
— Educación	3,75	3,79	3,97	3,88	4,11	4,17	4,14	4,27	4,54	4,36	4,32
— Sanidad	4,67	4,56	4,58	4,74	4,80	4,89	5,05	5,77	5,90	5,84	5,92
— Vivienda y servicios colectivos	2,01	1,84	1,84	1,75	1,61	1,57	1,53	1,66	1,69	1,71	1,52
C. Gastos de intervención económica	8,41	7,89	7,01	7,65	8,35	8,42	8,23	7,34	8,00	7,30	7,35
— Subvenciones de explotación	2,44	1,96	1,81	2,07	1,97	1,92	1,81	1,71	2,02	1,95	1,77
— Inversiones	3,70	3,65	3,45	3,84	4,44	5,03	4,93	4,18	4,23	3,87	3,71
— Transferencias de capital	2,27	2,28	1,75	1,74	1,94	1,47	1,49	1,45	1,75	1,48	1,87
D. Intereses deuda pública	3,44	3,95	3,47	3,35	3,46	3,72	3,93	4,20	5,16	5,10	5,37
E. Ajustes en clasificación	–0,77	–0,79	–0,38	–04,3	–0,35	0,18	0,46	0,66	0,64	0,50	0,47
Gastos totales (A+B+C+D+E)	42,59	42,12	40,95	41,09	42,57	43,65	45,28	46,41	49,66	48,02	47,24
PRO MEMORIA											
Ingresos públicos	35,65	36,16	37,83	37,82	39,76	39,54	40,38	42,27	42,22	41,10	40,59
Déficit público	–6,93	–5,96	–3,12	–3,26	–2,79	–4,11	–4,89	–4,13	–7,45	–6,93	–6,66

Fuente: *Papeles de Economía Española* núm. 68, 1996. Anexo estadístico. Tablas 8A y 8B.

Un segundo efecto se observa a través del crecimiento de los bienes sociales redistributivos —educación, sanidad, vivienda y servicios colectivos cuyo peso en el producto total ha pasado del 6,90 por 100 del PIB en 1975 al 11,76 en 1995—. Sin duda, educación y sanidad son factores indispensables para el desarrollo de una sociedad moderna, pero son servicios que pueden prestarse privadamente y que, en el caso español, han aumentado por la acción pública.

Un tercer efecto, que abarca todos los elementos que engloba el apartamiento del mercado, lo constituye el crecimiento de la burocracia, crecimiento perceptible en los gastos comunes que atienden servicios generales y que, constituyen sueldos de funcionarios: el porcentaje correspondiente, situado en el 2,86 por 100 del PIB en 1975 alcanza el 5,22 por 100 en 1995, con aumentos continuados a partir de 1980.

El cuarto, y definitivo, efecto de ese comportamiento de las Administraciones Públicas es el escaso temor al déficit y a sus efectos; lo que ha dado como resultado que, en el período considerado, las cuentas públicas se hayan saldado, siempre, con déficit; una situación que, al generar una deuda creciente, se ha traducido en un aumento espectacular de los intereses de esa deuda: en 1975, esa carga de intereses suponía el 0,47 por 100 del PIB; en 1995 el porcentaje se situaba en el 5,37 por 100.

2.2.3. El componente político: gobernar es gastar

Aunque los dirigentes políticos han sido siempre propensos a gastar, por múltiples vías, las ideas keynesianas significaron, ya lo hemos señalado, un vuelco fundamental en la actitud de los gobiernos: si el Gobierno dejaba de ser el vigilante de la actividad privada para convertirse en el agente primero del acontecer económico, si el crecimiento y el empleo aparecían como objetivos centrales de la política económica y si el equilibrio de las cuentas públicas pasaba a un segundo plano, la mesura en el gasto y el temor al déficit dejaban de ser la regla de oro de la acción pública para transformarse en unos referentes lejanos e imprecisos. Es lo que Buchanan denomina la destrucción de la moral victoriana [4].

Eliminado ese freno, los Gobiernos de casi todos los países OCDE aceleraron el crecimiento del gasto público, durante los años cincuenta y sesenta del presente siglo, en búsqueda de un objetivo de estabilización más bienestar que parecía, además, avalado por los hechos: los Gobiernos acentuaban la intervención de las economías, dilataban artificialmente la demanda y ampliaban la cobertura social de los riesgos individuales sin que, aparentemente, el potencial de crecimiento disminuyera. La fórmula mágica, la de la economía mixta, parecía resolver todos los problemas a un tiempo y, además, permitía a los represen-

[4] JAMES BUCHANAN: «Budgetary Bias in Post-keynesian Politics: the Erosion and Potential Replacement of Fiscal Norms», en su recopilación «Deficits», B. BLACKWELL, 1986.

tantes políticos apuntalar, por conducto de un mayor gasto, su poder personal: crear empresas y generar empleo, aumentar el capital social fijo de una circunscripción electoral en un momento dado, conseguir subvenciones para un determinado sector productivo o elevar las pensiones de determinados grupos sociales son muestras de poder que se reflejan en el apoyo del votante; muestras de poder que, en las democracias, en las que la capacidad de decisión suele estar repartida, alcanzan a todas las formaciones políticas.

Casi nadie, durante esas dos décadas, pareció prestar atención a las consecuencias que ese comportamiento iba a producir sobre el horizonte económico. Porque una economía fuertemente intervenida y en la que el Estado se compromete a mantener niveles altos de empleo y redes complejas de protección social es una economía abocada a elevar, de forma inevitable, el gasto público. Con Estados convertidos en los agentes económicos fundamentales, ¿quién va a aceptar que las crisis sectoriales recaigan sobre las correspondientes empresas, que el empleo disminuya en una determinada región, que las subvenciones desaparezcan o que los mecanismos de protección social se debiliten? ¿Quién va a aceptar los penosos ajustes del mercado cuando puede exigir la intervención pública? ¿Y qué Gobierno, sea cual sea su credo político, se va a resistir a elevar el gasto cuando están en juego los votos presentes o futuros? De ahí que el legado keynesiano haya sido, para todas las economías a él sometidas, un gasto público rígido a la baja y un déficit recurrente. Las características pueden diferir de un país a otro, porque difieren las trayectorias políticas, pero el núcleo del problema apenas varía.

A la sombra de una tradición interventora, de un lado, y de la creencia en las soluciones keynesianas, del otro, los gobiernos españoles intensificaron el gasto público, a partir de 1975, presionados, además, por tres razones de indudable peso: la crisis económica que se desencadena a partir de ese año y que, con altibajos, se mantiene hasta 1985, crisis además que coincide con el complicado proceso de transición política; el propio ciclo político, que tiene su más clara expresión en algunas de las decisiones adoptadas durante los gobiernos del PSOE, pero que alcanza a todas las formaciones políticas; y la reconfiguración autonómica del Estado.

Enfrentados a las perturbaciones energéticas de los años setenta, a la reducción de renta real provocada por el empeoramiento de la relación real de intercambio y a las subsiguientes crisis industriales, los primeros gobiernos democráticos utilizaron el presupuesto como amortiguador de múltiples tensiones, contando, por entonces, con un nivel reducido de deuda pública. Parte de los gastos de intervención económica —subvenciones y transferencias de capital— que pasaron del 2,15 por 100 del PIB al 4,73 por 100 en el lapso 1975-84 (Cuadro 2.1) no hacen sino reflejar esa situación.

Durante los años del gobierno del PSOE, 1982-1996, son múltiples los cjcmplos de aumentos del gasto ligados a tensiones políticas o a la búsqueda de apoyos políticos adicionales: tras la huelga general de diciembre de 1989, toda una serie de coberturas sociales se ampliaron, en un intento de recomponer la base de sustentación del partido del Gobierno; el tren de alta velocidad Madrid-Sevilla, que supuso una inversión de 390.000 millones de ptas. y la Exposición Universal de Sevilla de 1992, con un desembolso de 200.000 millones de ptas.[5], resultan difícilmente justificables, desde el punto de vista económico, especialmente esta última, que tuvo una limitada repercusión internacional y que no ha servido para desencadenar posteriores procesos de inversión en una zona, la andaluza occidental, de tasa de desempleo muy elevada.

Pero quizás la expresión máxima del principio que examinamos sea el aumento de casi un millón de asalariados públicos ocurrido entre 1975 y 1995, un aumento a todas luces exagerado y en el que, con impulso distinto, han participado todos los partidos con responsabilidades de Gobierno en cualquiera de los ámbitos del Estado. Las Administraciones Públicas se convirtieron, así, en el primer empleador del país porque los distintos gobiernos, en las diferentes esferas de poder, utilizaron la oferta de empleo público para dar satisfacción a sus clientelas políticas en una economía en la que el trabajo fijo resulta ser un bien muy escaso. Una prodigalidad que, referida tan sólo a funcionarios públicos, ha hecho pasar la nómina correspondiente del 8,41 por 100 del PIB al 11,61 por 100.[6]

De acuerdo con el título VIII de la Constitución de 1978, España pasa a convertirse en un Estado autonómico, término impreciso tanto en su definición como en su desarrollo, pero que ha supuesto la descentralización de los poderes legislativo y ejecutivo. Cualquier reorganización que suponga la aparición de diecisiete parlamentos y gobiernos autónomos, implica, en principio, un incremento del gasto puesto que todo poder de reciente creación necesita reafirmarse mediante un aumento del mismo pero, en el caso español, el impulso del gasto ha sido mayor por el juego de lo que podríamos denominar «factor dilatador» del gasto autonómico: los gobiernos catalán y vasco reclaman, continuamente, competencias mayores para diferenciarse de las otras autonomías; las demás autonomías tratan, de manera continua, de equipararse a la catalana y vasca para no convertirse en poderes de segundo orden; una vez producida la equiparación, los gobiernos vasco y catalán, dominados, desde siempre, por los partidos nacionalistas, presionan de nuevo para subrayar la diferencia. El resultado de la reorganización autonómica, y de la pugna mencionada, es que las comunidades autónomas que, en 1980, gastaban el 0,07 por 100 del PIB alcanzaban, ya en 1995, el 7 por 100, sin que el gobierno central hubiera reducido su proporción[7].

---

[5] Los datos del AVE proceden del artículo de J. A. Herce: «El año del AVE: problemas y perspectivas de la alta velocidad ferroviaria en España», *Economistas*, núm. 55. Los de la Expo 92 figuran en *Actividad Económica*, núm. 1.765-66, 1992.

[6] Según las encuestas de población activa del INE, los asalariados públicos suponían 1.245.900 personas al final de 1975 y 2.244.400 al terminar 1995. Los asalariados públicos comprenden tanto a los funcionarios públicos, cuyos salarios figuran en Presupuesto, como los empleados de empresas públicas, cuyos salarios no figuran en Presupuesto.

[7] Datos de «Rasgos fundamentales de las Administraciones Públicas por agentes», Fundación FIES, *Cuadernos de Información Económica*, núm. 116, noviembre 1996.

2.2.4. El componente legal: la fragilidad de la norma

En las democracias, único sistema en el que es posible imputar responsabilidades a los dirigentes políticos, Parlamento y Gobierno son irresponsables desde el punto de vista presupuestario. Si el Consejero Delegado de una empresa privada errase, sistemáticamente, en sus previsiones de gasto, probablemente no tardaría en perder su puesto. En el mundo occidental, los gobiernos yerran, con inusitada frecuencia, en el gasto presupuestado y no deben hacer frente a responsabilidad alguna. Ni el Gobierno que ha presentado el presupuesto ni el Parlamento que lo ha aprobado: ninguno de sus miembros verá recortados sus ingresos por tal razón ni deberá responder, ante tribunal alguno, por haber derrochado el dinero público. Es más, el común de los ciudadanos intuye que las promesas electorales terminarán por desvirtuarse tan pronto como los votos hayan decidido quién va a gobernar; lo que parece no entender, con la misma claridad, es que el voto es la llave que da entrada a los caudales particulares puesto que los aumentos de gasto llevarán aparejados, antes o después, aumentos de impuestos.

La situación descrita, aplicable, con matices, a todas las democracias occidentales, adquiere, en el caso español, caracteres inusitados. El gasto presupuestado tiende, por una parte, a crecer sin tasa porque el grado de intervención de la economía hace que una parte muy importante del mismo sea gasto comprometido y, consecuentemente, imposible de recortar; y porque, además, el Presupuesto se elabora bajo el principio del incrementalismo: cada ministerio parte de la cifra de gasto del ejercicio anterior y procura negociar, con el Ministerio de Hacienda, el mayor aumento posible. Pero, además, a esta restricción presupuestaria laxa, que no tendrá corrección parlamentaria puesto que los Gobiernos se forman a partir de mayorías parlamentarias, seguirá un comportamiento presupuestario aún más laxo, porque el Legislativo delega en el Ejecutivo las posibles modificaciones del gasto, modificaciones que van a producirse por tres vías fundamentales: los créditos extraordinarios o suplementarios, los créditos ampliables y las incorporaciones de crédito.

Los créditos extraordinarios o suplementarios se otorgan cuando no es posible retrasar el gasto hasta el siguiente ejercicio y no existe partida en el Presupuesto vigente. Sería el caso de catástrofes que requirieran de prontas indemnizaciones. En esta rúbrica se incluyen, también, los suplementos de crédito necesarios para hacer frente a gastos que no cuentan con crédito presupuestario suficiente; algo que suele ocurrir con las prestaciones sanitarias.

Los créditos ampliables son de carácter excepcional, están consignados como tales en los Presupuestos Generales del Estado y, para que la ampliación se produzca, deben cumplirse los requisitos reglamentarios. Son créditos ampliables, por ejemplo, las pensiones de clases pasivas.

Las incorporaciones de crédito suponen la utilización de remanentes de ejercicios anteriores, que deben por principio ser anulados, al gasto del ejercicio siguiente. Es el caso de los créditos por operaciones de capital.

A consecuencia de las modificaciones introducidas en la ejecución de los presupuestos, el gasto realizado por las Administraciones Públicas fue, en el período 1975-81, un 18,41 por 100 superior al inicialmente presupuestado y el del período 1982-95, un 19,42 por 100[8]. Lo cual remite, necesariamente, a una pregunta: ¿sirve de algo el Presupuesto? Porque, en principio, la previsión de ingresos y gastos del sector público debe cumplir, por lo menos, dos funciones: disciplinar a las propias Administraciones Públicas para que su actuación no rebase determinados límites y se acomode al escenario macroeconómico que se pretende cumplir; y orientar a los demás agentes económicos sobre sus preferencias e intenciones para que la incertidumbre que, necesariamente, acompaña a la previsión económica quede reducida al mínimo posible. Si esas dos funciones no se cumplen, porque el gasto realizado supera notablemente al presupuestado, el Presupuesto deja de ser un instrumento de disciplina pública para convertirse en una variable errática, generadora de continuas incertidumbres. Piénsese, por ejemplo, en el efecto que produce la falta de control presupuestario sobre los tipos de interés: si la demanda agregada crece a ritmo superior al previsto, como resultado del mayor gasto público, los tipos de interés deberán elevarse para limitar el riesgo de inflación, lo cual afectará, de un lado, a las cuentas de resultados de las empresas, sometidas ahora a una mayor carga financiera; del otro, a la demanda de inversión y de bienes de consumo duradero, que se retraerán; finalmente, y en un escenario de libertad de movimientos de capital, la elevación de los tipos de interés atraerá capitales, apreciará la moneda y debilitará la cuenta corriente de la Balanza de Pagos.

Un gasto público impulsado por los cuatro factores reseñados tiende a desbordarse, a presentar un comportamiento inercial. Pero todavía hay que preguntarse por qué son los gastos de transferencia y consumo los que constituyen los motores de su crecimiento.

2.3. LOS SURCOS INDELEBLES: LA AMPLIACIÓN DE LAS TRANSFERENCIAS Y EL CONSUMO

Son cinco las razones principales que explican el encauzamiento del gasto hacia las transferencias y el consumo: su efecto sobre la función de utilidad privada, los beneficios políticos derivados de esos dos tipos de gasto, la carga de la deuda pública, la intensidad de trabajo que caracteriza a la producción de bienes públicos y la condición de prescindible de la inversión pública.

La cobertura de riesgos individuales, las subvenciones de explotación y los bienes públicos son maximizadores de utilidad individual y su demanda presenta, por lo general, una elevada elasticidad-renta[9]. Cuando la acción pública

[8] Véase A. Valiño; L. de Pablos, y V. Edo: «Las desviaciones presupuestarias en el período 1975-1995». En *Papeles de Economía Española*, núm. 68, 1996.

[9] Explicación similar a la clásica de Anthony Downs. Véase el Cap. 3 de su «An Economic Theory of Democracy», Harper Collins, Nueva York, 1957.

cubre riesgos —muerte o vejez o enfermedad— los beneficiarios están singularizados y la utilidad derivada de esa cobertura es mensurable: si la jubilación queda asegurada, el esfuerzo individual de protección frente a esa contingencia o desaparece o es menor. E igual sucede con las subvenciones de explotación: su impacto sobre la cuenta de explotación de la empresa es conocido, tanto que la empresa no existiría, en algunos casos, si desapareciera la subvención. Y también puede mantenerse ese criterio respecto de algunos bienes públicos: educación y sanidad, por ejemplo. El acceso libre a la educación y la sanidad dilata la utilidad de los que lo disfrutan. Dicho de otra forma, las transferencias y el consumo públicos aumentan, por lo general, la renta real de los beneficiarios, lo cual explica, en buena medida, por qué su elasticidad-renta es alta. Añádase a ello que la mayoría de prestaciones sociales y de bienes públicos son, por naturaleza, bienes superiores y se comprenderá el rápido crecimiento de su demanda. La sociedad española, casi recién llegada a los niveles de vida del mundo desarrollado, reclama más prestaciones sociales que atemperen sus riesgos y más bienes públicos que mejoren su nivel de vida. Y añádase, así mismo, que, por definición, la demanda de subvenciones tiende a infinito.

Enfrentados al cúmulo de demandas sociales, de entre las cuales las más valoradas resultan ser las que integran las rúbricas de transferencia y consumo público, los gobernantes dan preferencia a esos dos grupos, en detrimento de la inversión pública. Por dos razones concatenadas. De una parte, su período de maduración —el lapso que transcurre entre la decisión y los efectos de la misma— es menor en esos dos grupos: la ampliación de las pensiones es de efecto inmediato, al igual que la concesión de subvenciones; la puesta a punto de un dispensario o de un colegio requiere más tiempo, pero nunca supera el corto plazo. Resulta así que, por lo general, la satisfacción de la demanda, en el caso del gasto corriente, es atribuible al Gobierno que adoptó la decisión. Lo que nos conduce a la segunda de las razones: que la rentabilidad del gasto en transferencias y consumo público es mucho mayor, en términos de votos, que la de la inversión pública, de efectos más difusos y períodos de maduración mucho más largos. En España sobran subvenciones a empresas y, sin embargo, todavía parecen recibir mayor atención que las deficiencias hídricas.

Dos factores que refuerzan el peso de las transferencias y el consumo son los intereses de la deuda pública y el hecho de que los bienes públicos sean intensivos en trabajo. El rápido aumento del gasto público se traduce, casi inevitablemente, en un aumento igualmente rápido de la deuda pública y de su coste, un coste que se incluirá en el capítulo de transferencias: más de cinco puntos del PIB se destinaron, en 1995, a los intereses de la deuda pública española. Los servicios de sanidad, educación, regulación, defensa y todo lo que supone la producción de bienes públicos, son intensivos en trabajo y apenas permiten aumentos de productividad, lo que eleva continuamente su coste y el consecuente gasto público. Los profesores, los médicos, los militares o los funcionarios que regulan los diferentes aspectos de la vida social perciben unas retribuciones que se elevan año tras año —con alguna excepción— y que no pueden, por lo general, ser compensadas con una elevación de su productividad. Resultado, en ambos casos: que el peso relativo de las transferencias y el consumo tiende a aumentar.

Cuando el peso del déficit público parece excesivo, los Gobiernos terminan por recortar la inversión pública. Es más fácil, y menos doloroso para el gobernante, dejar de construir una carretera o un pantano que congelar determinadas prestaciones sociales o comprimir el gasto sanitario. Inclusive que molestarse en eliminar toda una serie de gastos que proliferan por todas las Administraciones Públicas y cuya utilidad parece dudosa. A partir de 1991, la inversión pública ha sido la partida de ajuste del presupuesto español, como puede advertirse en el Gráfico 2.1, sin que los diferentes gobiernos se hayan molestado en buscar reducciones alternativas: créditos concedidos para publicaciones que nadie lee ni a nadie importan, ayudas a colectivos de los que nada se ha sabido hasta que brota la subvención, servicios prestados a otros colectivos que no corresponden a las necesidades del mismo (muchos de los viajes del Inserso difícilmente se encuadran en los objetivos de este organismo). Resultado último: que la inversión pierde peso relativo, lo que hace que sean las transferencias y el consumo los que lo ganen.

2.4. EL CORREDOR REZAGADO: LOS INGRESOS PÚBLICOS

Enfrentados a un gasto creciente, los Gobiernos procuran que sus ingresos, y especialmente los fiscales, aumenten a ritmo similar. De ahí las estructuras fiscales profundas que, hasta los años ochenta, caracterizaron a la mayoría de los países OCDE y que, desde 1977, se han instalado en la economía española.

En 1977 se inició una amplia reforma fiscal, tendente a incrementar los ingresos públicos y preconizada por el Gobierno UCD. La reforma abandonaba los impuestos de producto, y se apoyaba en tres figuras básicas, similares a las existentes en la Comunidad Económica Europea: un impuesto sobre la renta de las personas físicas (IRPF) de notable progresividad —el tipo máximo se situaba inicialmente, en el 65 por 100—, un impuesto de sociedades muy parecido al ya existente —un 35 por 100 de los beneficios— y el Impuesto sobre el Valor Añadido (IVA), que no entraría en vigor hasta 1986. Además de ello, se establecía una nueva figura tributaria —el impuesto sobre el patrimonio, también con tarifa progresiva— encaminada a conocer las fuentes de renta personal y, por tanto, a esclarecer la situación patrimonial de los contribuyentes. Por otro lado, y para aumentar la eficacia recaudatoria, se organizaba, en el Ministerio de Hacienda, un centro de proceso de datos informatizado y se tipificaba el delito fiscal.

Con el paso del tiempo, y de manera sutil, la progresividad del IRPF aumentó. En 1988, el Gobierno rebajó las tarifas del impuesto, dejando la tasa marginal en un 56 por 100 —lo que, aparentemente, disminuía su progresividad— pero suprimió el tope del 40 por 100 que, anteriormente, establecía el límite por obligación personal; lo cual, naturalmente, aumentaba la progresividad: hasta entonces el contribuyente sabía que la detracción fiscal del IRPF no podría superar el 40 por 100 de la base imponible; desde entonces la barrera ya no existe.

En 1990, a la deducción del 5 por 100 sobre rendimientos del trabajo, una deducción que aligeraba el peso del IRPF, se le estableció un máximo de 250.000 ptas., una medida que, de nuevo, acentuaba la progresividad.

El ejemplo más rotundo de progresividad larvada es, con todo, la progresividad en frío producida por la inamovilidad de los tramos de renta. Año tras año, las rentas, y especialmente las salariales, suelen aumentar con el índice de precios al consumo —el indicador primero que se utiliza en las negociaciones salariales—, una modificación que tiene por objetivo mantener el poder adquisitivo de las rentas, sobre todo de las salariales. Al no ajustarse anualmente los tramos de renta para tener en cuenta la inflación, el contribuyente va ascendiendo de tramo, y por tanto de nivel de impuesto sin que su renta real haya mejorado, lo que hace que, en realidad, su renta disponible —la que le queda tras pagar los impuestos directos— disminuya. Por ejemplo, un contribuyente que hubiese mantenido la misma renta real del 6,2 millones de pesetas de 1979 a 1985, hubiese visto su tipo medio de IRPF aumentar del 30,31 por 100 al 46 por 100; es decir, hubiese perdido casi un 16 por 100 de renta real [10]. Esa erosión continuada de renta disponible sólo ha sido corregida en 1995 y 1996, y de manera muy parcial, porque los tramos fueron modificados tan sólo con el IPC de esos dos años.

A partir de 1977, por tanto, los contribuyentes españoles se han visto cercados por una densa red fiscal, cuya configuración básica figura en el Esquema 2.2, que succiona una parte importante de sus rentas: en 1975, los ingresos fiscales suponían un 21,35 por 100 del PIB; en 1995 significaron el 35,3 por 100, habiendo alcanzado su máximo en 1992, con un 37 por 100: un ritmo de crecimiento muy elevado que ha sometido a los contribuyentes españoles a un muy difícil ajuste fiscal y a la economía, en su conjunto, a una suma de disfunciones en la asignación de recursos [11].

Y, sin embargo, y pese a la obsesión fiscal de los gobiernos, un gasto público creciente no logra ser financiado con una presión fiscal creciente; no ocurre en casi ningún país occidental y tampoco ocurre en España. Lo impiden varias razones poderosas.

---

[10] Vid. ALBI; RODRÍGUEZ, y RUBIO: «Nuevas reformas fiscales. Una experiencia para España». *Instituto de Estudios Económicos*, Madrid, 1988. Cap. VI, Cuadro VI.4.

[11] Las cifras sobre presión fiscal proceden de las Tablas 1.A y 1.B del Anexo Estadístico del núm. 68 de *Papeles de Economía Española*. No debe olvidarse que la recaudación impositiva no es la única fuente de ingresos de las A.A.P.P.: en la actualidad reciben unos cuatro puntos del PIB por transferencias e ingresos patrimoniales.

Esquema 2.2. Cuadro tributario español (1997). Principales figuras impositivas

		Características
Impuestos directos	Impuesto sobre la Renta de las Personas Físicas	Grava la suma de rentas personales, con una tarifa progresiva que alcanza el 56 %
	Impuesto sobre el Patrimonio	Grava el patrimonio neto de las personas físicas, con una tarifa progresiva que alcanza el 2,50% (Para los sujetos pasivos con obligación personal de contribuir, la suma de las cuotas íntegras por renta y patrimonio no podrá exceder del 70% de la base imponible del IRPF)
	Impuesto de Sociedades	Grava el beneficio bruto de las empresas, con tarifa única del 35%
	Impuesto sobre Sucesiones y Donaciones	Grava los incrementos de patrimonio que obtengan las personas físicas por herencia, legado o donación. La tarifa es progresiva, puede llegar al 34% y la cuota final depende de dos circunstancias: parentesco y patrimonio preexistente.
Impuestos indirectos	Impuestos sobre Transmisiones Patrimoniales y Actos Jurídicos Documentados	Grava las transmisiones patrimoniales onerosas, las operaciones societarias y los actos jurídicos documentados (notariales, mercantiles, administrativos y judiciales). Las tarifas son distintas: 1%-6% para transmisiones onerosas, 1% para operaciones societarias, casuística muy variada en actos jurídicos documentados.

Esquema 2.2. Cuadro tributario español (1997). Principales figuras impositivas. (*Continuación*)

		Características
Impuestos indirectos	Impuestos sobre el Valor Añadido	Grava las entregas de bienes y prestaciones de servicios efectuados por empresarios y profesionales, las adquisiciones intracomunitarias de bienes y las importaciones de bienes. La tarifa normal es 16%, con tipos reducidos del 7% y 4%.
	Impuestos Especiales	Sobre bebidas alcohólicas, tabaco, hidrocarburos, matriculación de vehículos y primas de seguro. Tarifas muy distintas y sujetas a casuística muy amplia.
Cotizaciones sociales	Cotizaciones empresariales Cotizaciones del trabajador	Se cotiza por diversos conceptos (contingencias comunes, desempleo, formación profesional...). Por lo general, la empresa debe aportar el 31,79% de las bases de cotización y el trabajador el 6,40%.

Fuente: Albi Ibáñez y García Ariznavarreta: «Sistema fiscal español», Ariel Economía, 12.ª edición, Barcelona 1997.

La primera de ellas son las resistencias fiscales de los agentes económicos y, muy en especial, de las economías domésticas. Ante una fiscalidad creciente, que penetra por todos los resquicios de su actividad, los agentes económicos buscan la forma de esquivarla, forma que toma, por lo menos, tres caminos: el uso de las inconsistencias fiscales, la economía sumergida y la no declaración de las rentas.

En teoría, un sistema fiscal justo debe cumplir los principios de equidad horizontal y vertical: en virtud del primero, la carga fiscal debe ser la misma para todos los contribuyentes que se hallen en la misma situación; en virtud del segundo, debe pagar más el que mayores rentas obtenga. Pero ningún sistema fiscal es capaz de hacerlos cumplir en la práctica porque el armazón legal en que se apoya deja siempre resquicios que permiten soslayarlos; y más aún un sistema como el español actual, con una tarifa de renta que alcanza el 56 por 100 y un impuesto de sociedades que detrae el 35 por 100 de los beneficios: ante esa diferencia de tributación, muchos contribuyentes canalizan buena parte de sus actividades personales a través de sociedades de muy diversos tipos sin tener que burlar, formalmente, la ley. Claro que no todos los contribuyentes pueden seguir ese camino, que requiere de continuos asesoramientos especializados, lo que, en la práctica, reduce el colectivo de contribuyentes con posibilidades de seguir esa vía a las profesiones liberales y a ciertos estamentos empresariales; es decir a los segmentos de rentas altas. Dentro de lo que hemos denominado inconsistencias fiscales hay que incluir, en España, las diferencias regionales de tributación: una persona empadronada en Navarra soporta menos carga fiscal que la que reside en Valencia, Sevilla o Madrid porque el impuesto sobre la renta es menos gravoso en la autonomía navarra, por aplicación de las normas forales: su tipo marginal del IRPF es el 53 por 100 frente al 56 por 100 general. ¿Cuál es el efecto de esa diferencia? Que Navarra posee un poder de atracción especial que también se dirige a los contribuyentes de rentas altas puesto que la residencia en esa zona, requisito indispensable para poder acogerse a sus normas fiscales, entraña obligaciones y costes que no pueden ser asumidos sino por colectivos de renta alta. Ese resquicio creado por las diferencias regionales de tributación se verá ensanchado, a partir de 1997, en la medida en que la corresponsabilidad fiscal permita a los gobiernos autonómicos una cierta flexibilidad legal en la determinación de la tarifa autonómica (± 20 por 100) y en las deducciones del IRPF, así como en los otros impuestos cedidos; todo ello terminará por traducirse en una subasta, a la baja, de obligaciones fiscales y una apetencia acrecentada, de parte de los contribuyentes, por tomar residencia en las zonas de fiscalidad menos gravosa, pese a las cautelas contenidas en la norma [12].

La economía sumergida, una de las denominaciones de la actividad económica que se sustrae a las normas imperantes, es una forma de huir de la fiscali-

---

[12] Véase la Ley 14/1996 de cesión de tributos del Estado a las Comunidades Autónomas (BOE de 31/12/96).

dad y de las regulaciones. Si, en una zona del litoral mediterráneo, un empresario se dedica a fabricar prendas de vestir sin crear, para ello, empresa alguna; prendas que son confeccionadas, según determinados patrones, por amas de casa que realizan dicha tarea en su hogar y sin figurar tampoco en registro alguno, la empresa —en sentido económico puesto que no existirá legalmente— habrá saltado por encima de las obligaciones fiscales y administrativas. No cotizará a la Seguridad Social, por la mano de obra que emplee, ni hará frente a tributo de ninguna clase; ni tampoco se verá obligada a recabar los distintos permisos necesarios o a incurrir en costes que no estén directamente relacionados con su actividad productiva. No todas las empresas pueden sumergirse —no es posible hacerlo con una cementera o una empresa de automóviles— lo que, de hecho, limita el campo de acción a la industria ligera o a determinados servicios, pero la economía sumergida existe en todos los países y en algunos, como el nuestro, puede suponer un porcentaje nada desdeñable [13]. Tampoco gobierno alguno, por riguroso que sea en la aplicación de las normas tributarias, ha conseguido hacer desaparecer ese hueco fiscal, pero hay que suponer que, enfrentados a una tasa de paro del 22 por 100 aproximado, los diferentes gobiernos españoles procuran no estrechar demasiado el cerco de ese tipo de actividades, porque la reducción de las mismas acarrearía, muy posiblemente, un aumento del desempleo oficial, de las prestaciones sociales a él ligadas y de la desazón social.

Y, finalmente, y dentro del capítulo de resistencias fiscales, hay que hacer mención del fraude a secas: la no declaración o, lo que es más probable, la omisión de una parte de las bases imponibles, por lo general una parte significativa. El contribuyente español no es el ciudadano satisfecho que cumple religiosamente con sus obligaciones fiscales, no es por tanto el modelo que ensalzan los anuncios recurrentes de la Agencia Tributaria. Para el ciudadano español medio, la Hacienda no somos todos —al contrario de lo que, machaconamente, repite el reclamo publicitario— y mucho menos en unos tiempos plagados de escándalos fiscales y de responsables políticos que han canalizado, hacia sus cuentas personales situadas en paraísos fiscales, sumas importantes de dinero público. Es muy difícil, en cualquier país del mundo, que el contribuyente, cercado por una verdadera constelación de impuestos, les haga frente con sonrisa beatífica; pero todavía es más difícil en un país, como España, en el que la desigualdad de trato fiscal es fácilmente perceptible y en el que la apropiación indebida no parece dar lugar a castigo suficiente ni mucho menos a la devolución de lo apropiado. El ciudadano medio español paga sus impuestos cuando no tiene más remedio que hacerlo, porque sus ingresos han sido previamente declarados a la Agencia Tributaria; lo cual concentra el esfuerzo fiscal personal

---

[13] Por su naturaleza, la economía sumergida escapa a una cuantificación fiable, pero todo hace suponer que, en la actualidad, no representa menos del 10 por 100 del PIB. Las diferentes estimaciones figuran en el anexo al «Informe sobre el fraude en España», *Instituto de Estudios Fiscales*, Madrid, 1994 (documento núm. 2).

en los perceptores de sueldos y salarios [14]. El contribuyente español no encuentra, por lo general, demasiadas razones, para satisfacer sus obligaciones fiscales y sí encuentra una razón económica para no hacerlo: defender su nivel de renta disponible.

Y prueba palpable de efecto de las resistencias fiscales, y especialmente de la economía sumergida y de la ocultación de rentas, es que las estimaciones más fiables consideran que el fraude, en el IRPF, supera el 40 por 100 de los rendimientos declarados del trabajo y el 70 por 100 de los demás rendimientos [15].

La estructura fiscal española está, además, asentada sobre estabilizadores automáticos de singular alcance. En la medida en que la actividad económica se desacelere, los ingresos fiscales se reducirán más que proporcionalmente: habrá menos rentas que tributen, y menos transacciones sujetas a IVA; por otro lado, la progresividad de la tarifa de la renta hará que una caída de las rentas personales genere una reducción más que proporcional de la carga tributaria. Los gastos públicos, sin embargo, no sólo no disminuirán, sino que aumentarán: la mayoría de los gastos han sido previamente comprometidos, especialmente las transferencias y el consumo público, y además habrá ciertos capítulos que se elevarán: la cobertura del desempleo será más gravosa, por el aumento del paro, aumentará el número de prejubilados y las pérdidas de las empresas públicas serán, probablemente, más cuantiosas.

Los sistemas fiscales así concebidos, es decir la mayor parte de los occidentales, no han sido caprichosamente articulados. Su flexibilidad, de corte keynesiano, pretende almohadillar las recesiones: si las rentas personales sufren una contracción menor que la producción global, por disminución de la carga tributaria y ampliación de las transferencias, el consumo privado —el componente fundamental de la demanda agregada— no experimentará una caída alarmante y, vía multiplicador, facilitará la recuperación. El pensamiento keynesiano, recordémoslo, tiene como objetivo central el crecimiento y el empleo a corto plazo, y entiende que cualquier déficit público en el que se pueda incurrir, por cambio de la posición cíclica, será, de una lado, un estimulante de la producción y, del otro, un problema pasajero, puesto que quedará eliminado en la nueva fase de recuperación [16]. El pensamiento keynesiano olvidaba la existencia de déficit estructurales, es decir los que no desaparecen en las fases de alza del ciclo.

El juego de los estabilizadores automáticos produce, desde el ángulo que ahora nos ocupa, una separación entre ingresos y gastos públicos en períodos recesivos; dificulta, por tanto, el cierre de la brecha fiscal. Una situación

---

[14] En 1994, el 78 por 100 de la renta declarada en el IRPF procedía de las rentas de trabajo. *Memoria de la Administración Tributaria* 1995, Cuadro 2.9. Ministerio de Economía y Hacienda, Madrid 1997.

[15] M. LAGARES: «Distribución de la renta en España: datos fiscales». En «Distribución personal de la renta en España», obra dirigida por BERNARDO PENA, Pirámide, Madrid, 1996.

[16] Véase el trabajo pionero de MUSGRAVE y MILLER: «Built-In Flexibilities», AER, marzo 1948.

que, en el período comentado, caracteriza el año 1993: a consecuencia de la profunda recesión sufrida por la economía española, el gasto público se dispara y alcanza el 49,67 por 100 del producto total, más de tres puntos respecto del año anterior, mientras que los ingresos fiscales significan el 36,01 por 100 del producto, un punto menos que el año anterior. La brecha, por tanto, se ensancha [17].

Pero aún hay una tercera razón que explica por qué una presión fiscal creciente no logra financiar un gasto público también creciente: la interdependencia entre ingresos y gastos. ¿Qué ocurre con las dos vertientes de la política fiscal: es el gasto el que determina el ingreso o es el ingreso el que determina el gasto? En el primero de los casos la reducción de la brecha puede resultar más fácil: fijado el gasto, es posible acercar el ingreso; en el segundo caso el problema puede revestir mayor gravedad: producido el ingreso, antes o después se genera un gasto adicional. En el caso español, el tratamiento estadístico más fiable parece indicar que los ingresos son la variable dominante en el presupuesto y que cada peseta adicional de ingreso terminará por producir un gasto adicional superior [18]. De ahí que, bajo esa óptica, el aumento de los ingresos públicos sólo reduzca la brecha a corto plazo y que la solución duradera implique, necesariamente, la reducción del gasto.

2.5. LAS CONSECUENCIAS NECESARIAS DEL DESFASE ENTRE INGRESOS Y GASTOS PÚBLICOS: DÉFICIT Y DEUDA

Si el gasto público no puede ser financiado por los ingresos públicos, las inevitables consecuencias son la aparición y persistencia del déficit público, y la acumulación de deuda pública.

Aunque existen acepciones varias del primero de los conceptos, denominaremos aquí «déficit público» a la necesidad de financiación de las Administraciones Públicas, es decir al valor neto de los recursos que el resto de los sectores —nacionales y extranjeros— ponen a disposición de esas Administraciones [19].

Todo déficit ha de ser financiado, bien por vía inflacionaria, por recurso al banco central o por emisión de deuda. Mediante creación de dinero adicional, los Gobiernos pueden solventar, momentáneamente, el problema del déficit: desde el término de la Guerra Civil española hasta el Plan de Estabilización de 1959, el Gobierno español financiaba sus continuos déficit colocando, coactivamente, la

[17] Datos de la Fundación FIES: Tabla núm. 2B de *Papeles de Economía Española*, núm. 68.

[18] Las conclusiones de ese análisis, efectuado por el Banco de España, quedan sintetizadas en la pág. 97 del *Informe Anual* 1993.

[19] Sobre déficit y deuda, en España, es de obligada lectura «El déficit público de la democracia española», de E. FUENTES QUINTANA y J. BAREZ TEJEIRO, *Papeles de Economía Española*, núm. 68, 1996.

deuda correspondiente a bancos y cajas de ahorro, y permitiendo que dichas entidades la redescontaran, de forma automática, en el Banco de España. Se creaba, así, nuevo dinero y la inflación se aceleraba.

Si el desfase financiero se cubre, sin coste, con créditos del banco central, estaremos en el segundo de los supuestos, con iguales resultados inflacionistas. Hasta el año 1982, parte del déficit público español siguió ese modo de financiación, hoy prohibido por las reglas de la Unión Europea.

La vía normal de financiación del déficit, y la que hoy se practica en España, es la emisión de deuda pública, a plazos e intereses distintos, mediante apelación al ahorro privado. Puesto que todavía quedan restos de la segunda vía de financiación, definiremos la «deuda pública» española como el valor nominal de las obligaciones brutas de las Administraciones Públicas en poder del resto de los agentes económicos [20]; una deuda pública que, generalmente, estará denominada en pesetas pero que, en ocasiones, figurará en divisas: para hacer uso del ahorro exterior conviene, en determinados casos, emitir en las principales monedas.

Déficit y deuda son, como bien puede suponerse, variables interrelacionadas: el déficit incide sobre la deuda porque, para financiarlo, las Administraciones Públicas tienen que emitir títulos que lo respalden, lo que hace, que cuanto mayor y más recurrente sea el déficit, más rápidamente crezca la deuda. La deuda afecta, por otro lado, al déficit porque la carga anual de sus intereses es un pago de transferencia y, por tanto, un acelerador del gasto público. Para aislar el efecto que la deuda produce sobre el déficit, es decir para conocer qué ocurriría con las cuentas públicas si no existiese la deuda, es para lo que se utiliza el concepto de «déficit primario»: aquél que refleja el volumen del déficit sin la carga de intereses de la deuda.

El Gráfico 2.3 permite comprobar la evolución del déficit, total y primario, de las Administraciones Públicas españolas en el período que estamos analizando (1975-95). La conclusión primera que el gráfico permite es que, a partir de 1975, un ejercicio casi equilibrado, el déficit se ha instalado, de forma permanente, en las cuentas de resultados de las Administraciones Públicas: no hay un solo ejercicio que no se haya cerrado con déficit, sin que ni siquiera la expansión del período 1985-91, y el consiguiente aumento de los ingresos públicos, haya logrado que se alcanzase el equilibrio presupuestario. La conclusión segunda que del gráfico se desprende es que el déficit tiende a ser mayor en los períodos de lento crecimiento o recesivos: el año 1984 y el 1993 son ejemplos de las dos situaciones. La tercera de las conclusiones tiene que ver con el volumen de la deuda: su carga financiera pesa notablemente sobre el desequilibrio de las cuentas públicas hasta el punto de que, en el período 1987-89, se registra un ligero superávit primario que se transforma en déficit por la presencia de los intereses; más aún, en los tres últimos años analizados son los intereses de la deuda los que preponderan en la configuración del déficit público.

---

[20] Ibídem.

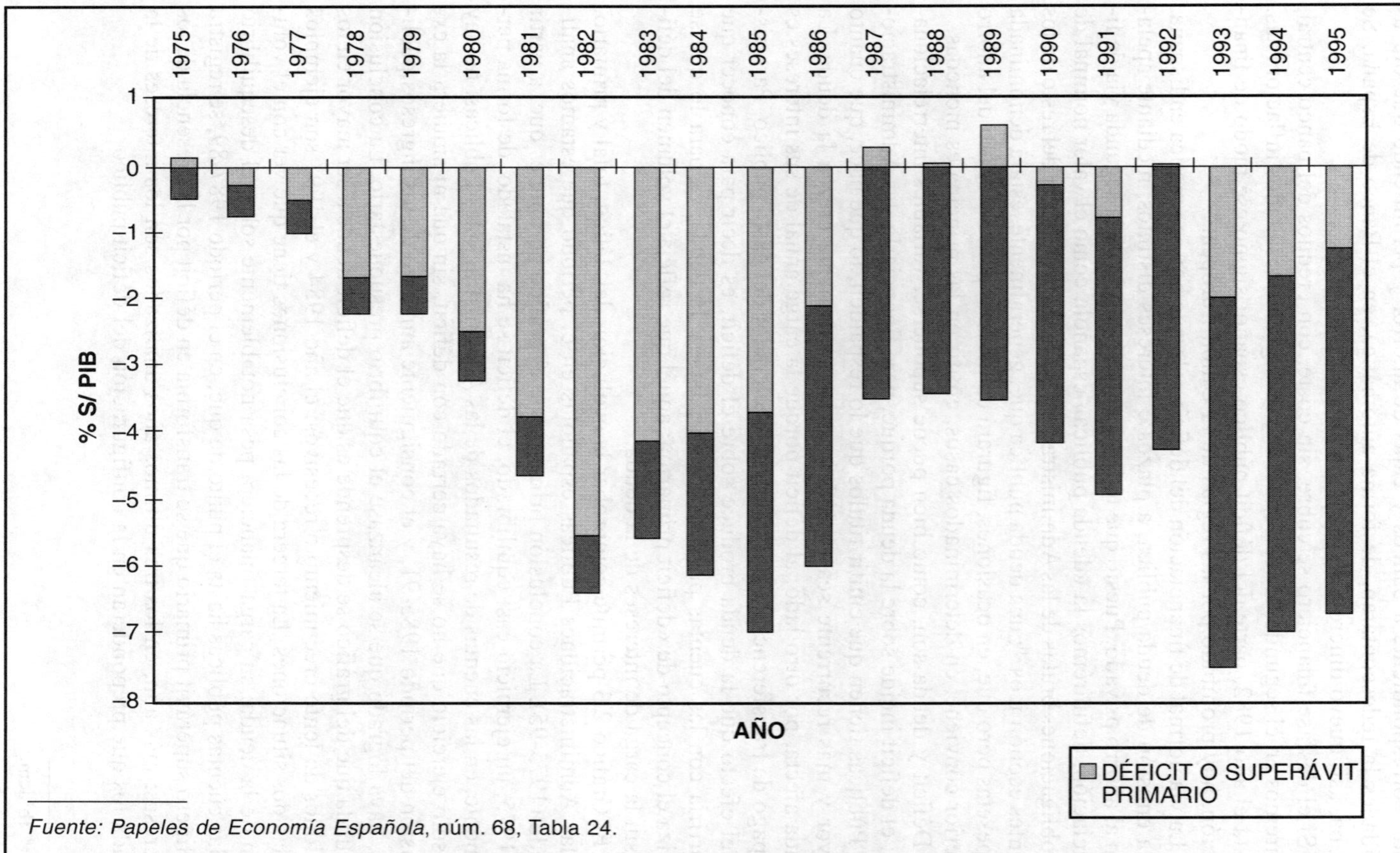

Gráfico 2.3. Déficit total y primario de las A.A.P.P. (en % S/ PIB).

La permanencia del déficit y su escasa dependencia del ciclo económico revelan su notable componente estructural. Desde hace años, el FMI y la OCDE distinguen, en los desequilibrios presupuestarios de las Administraciones Públicas, entre el componente cíclico y el estructural o cíclicamente ajustado. El déficit es cíclico cuando resulta de una caída del ritmo de actividad económica, una caída que, como ya se ha indicado, reducirá los ingresos y aumentará los gastos; es estructural cuando resulta de incorrectas asignaciones de recursos o del peso de la deuda pública. El déficit cíclico debe desaparecer cuando la economía retorne a su senda normal de crecimiento e ingresos y gastos vuelvan a sus niveles normales; el déficit estructural, que nada tiene que ver con el pulso de la economía, no se enjugará con un mayor crecimiento global porque el coste de los funcionarios públicos redundantes, las subvenciones a las empresas o los intereses de la deuda —eslabones típicos de un déficit estructural— no desaparecerán con el repunte de la actividad económica.

Para calcular el déficit estructural lo que se hace es, primero, aislar el componente cíclico. Hay que conocer, para ello, la elasticidad de ingresos y gastos públicos respecto de la producción total, una elasticidad que varía de un país a otro; a partir de esas elasticidades se determina la caída de ingresos y el aumento de gastos que entraña un crecimiento inferior al normal (producto potencial) y su diferencia será el déficit cíclico. Restando del déficit total el componente cíclico, aparece el déficit estructural o ajustado cíclicamente.

El Gráfico 2.4 refleja, para el período 1979-95, el déficit total y su componente estructural. Puede observarse que el peso de tal componente va aumentado con el tiempo, desde menos de un tercio en los años iniciales hasta alrededor de cuatro quintas partes en los años finales, lo que permite adelantar que la tarea de reducción del déficit será, en los años venideros, lenta y difícil, y deberá tener muy en cuenta los factores que, del lado del gasto, refuerzan el componente estructural del déficit, muy en especial el *stock* de deuda pública y su coste.

Por lo que se refiere a la deuda pública, su evolución aparece en el Gráfico 2.5.

Como puede advertirse, la deuda, que suponía un 13,65 por 100 del PIB en 1975, alcanza el 65,91 por 100 en 1995. Obsérvese, además, cómo aumenta su volumen a partir de 1980, cómo sigue creciendo en los años de rápida expansión —con algún valle— y cómo el crecimiento se acelera a partir del año 1992. Nótese, por otro lado, cómo las Administraciones Territoriales (Comunidades Autónomas y Corporaciones Locales) van colaborando al aumento de la deuda.

El comportamiento de la deuda depende, ya lo hemos indicado, de la permanencia y altura del déficit: cuanto mayores sean esos dos elementos, más crecerá la deuda. Pero la deuda se relaciona así mismo con los tipos de interés prevalecientes. Cuando los tipos de interés reales con los que ha de ser retribuida superan las tasas de crecimiento real de la economía, la deuda va creciendo, de forma autónoma, respecto del producto total. Se ha tornado explosiva. La explosividad de la deuda en los tres últimos años (1992-95) es la que explica,

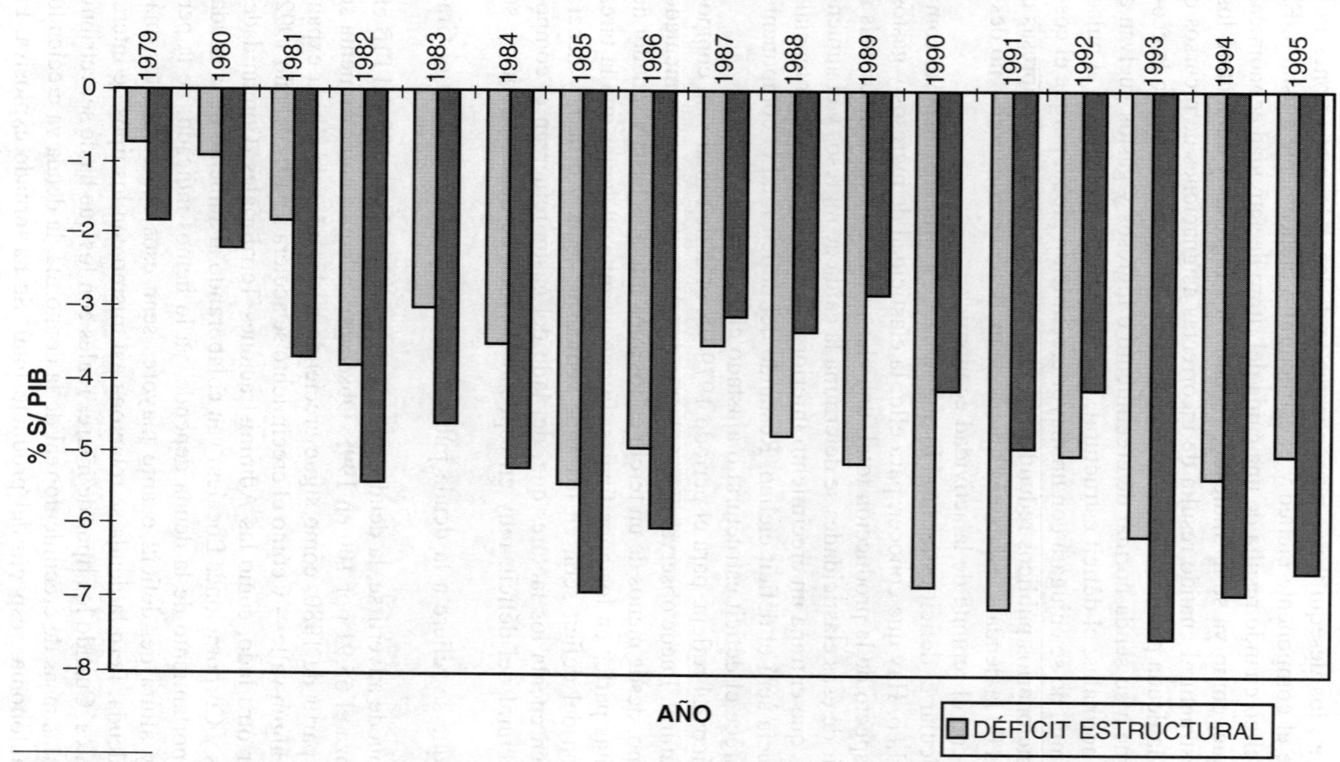

Fuente: Cuadros 18, 19, 24 y 25 de *Papeles de Economía Española*, núm. 68, y Cuadros 30 y 31 del núm. 60 de *Perspectivas Económicas de la OCDE*, diciembre, 1996.

Gráfico 2.4. Déficit total y estructural (en términos de necesidad de financiación) de las A.A.P.P. (en % S/PIB).

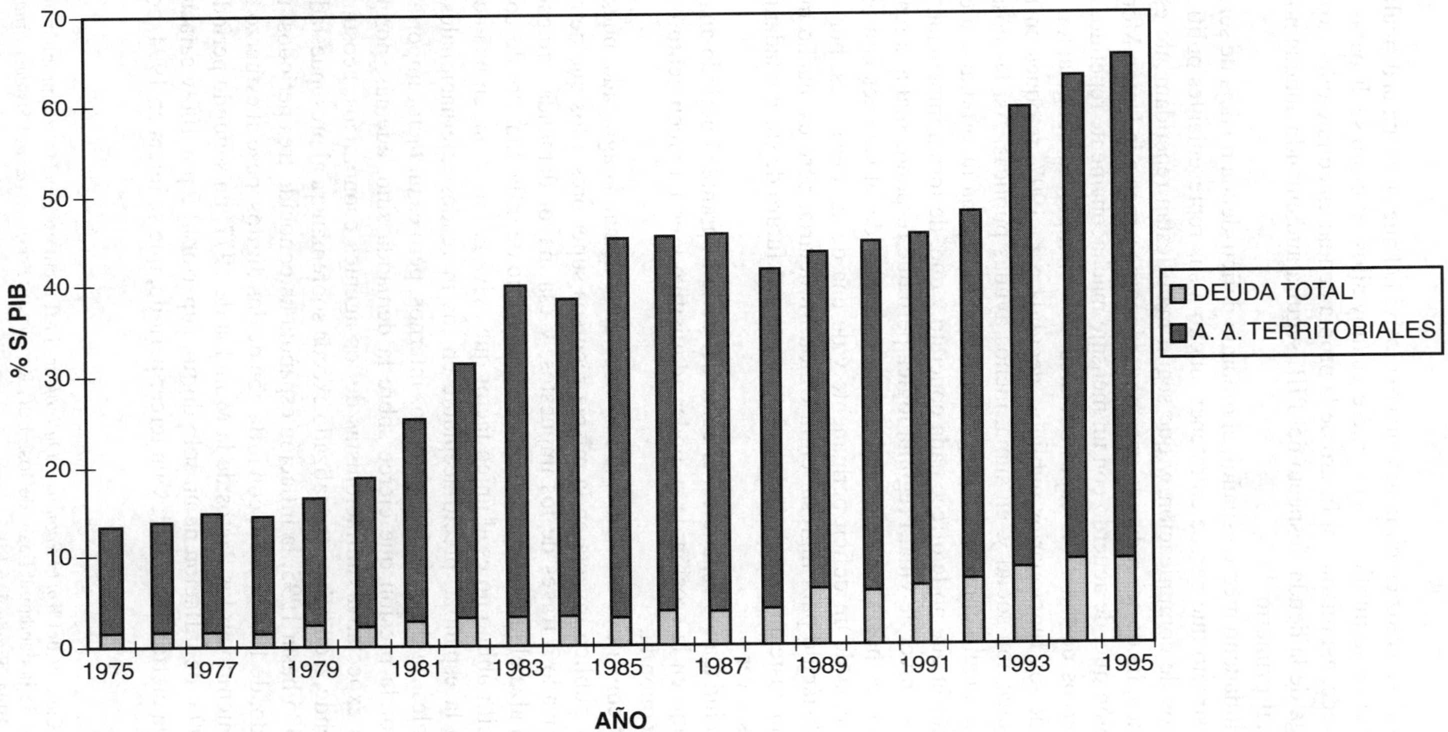

Fuente: *Papeles de Economía Española*, núm. 68, Tabla núm. 6.

Gráfico 2.5. Deuda pública (en % S/ PIB).

en buena parte, su veloz crecimiento, una explosividad que aumenta la dificultad de controlar el gasto público —con intereses muy altos, el gasto se dispara— y que ensombrece, así mismo, el futuro de la propia deuda: en condiciones explosivas, la carga de la deuda, respecto del PIB, seguirá aumentando aunque no se registre déficit primario[21].

Para el ciudadano medio español, el binomio déficit-deuda no deja de ser un problema abstracto que parece entretener mucho a sus representantes políticos y a los medios de comunicación, y que según manifiestan repetidamente esos dos estamentos, ha de ser reducido para poder incorporarnos a la Unión Monetaria; reducción que, de acuerdo con un mensaje machaconamente repetido, requerirá esfuerzos de todas las capas sociales. Por ejemplo, la congelación de los salarios de los funcionarios públicos, decidida para 1997, retoques en los gastos de protección social y, en suma, menos ayudas públicas. Así las cosas, ese ciudadano medio comienza a preguntarse si vale la pena incorporarse a esa Unión Monetaria que no le ofrece nada concreto y que, de forma inmediata, va a comprimir su nivel de vida. Pregunta lógica pero que responde mal a la realidad porque no es posible extraer deducciones simples de situaciones complejas. La presencia de un déficit permanente y de una deuda masiva es, por supuesto, un obstáculo para ingresar en la Unión Monetaria, pero es mucho más que eso: es un coste que gravita sobre el presente y el futuro de sus ciudadanos. Como vamos a ver.

Para los ciudadanos españoles, el coste del déficit durante el período analizado se tradujo en la erosión de su poder adquisitivo y en un crecimiento más lento de la economía.

El déficit constituye un elemento impulsor de la demanda agregada, puesto que el sector público inyecta en la misma recursos superiores a los que detrae del sector privado a través de los impuestos; y esa mayor demanda agregada presionará al alza el nivel de precios, es decir el ritmo de inflación. Por descontado, el déficit público no es el único factor que aviva la inflación, en una economía como la española, precio-aceptante en los mercados internacionales y con sustanciales rigideces en los mercados internos; pero es un factor importante no sólo por la presión que ejerce sobre la demanda sino, además, porque mantiene las expectativas inflacionistas de los agentes económicos, acostumbrados, por ende, a que el gasto realizado exceda sobremanera al presupuestado.

Desde 1975 hasta 1995, la inflación española ha conocido tres períodos: un primer período, de 1975 a 1984, con inflación de dos dígitos, pese al esfuerzo de deflación contenido en los Pactos de la Moncloa de 1977; un segundo período, de 1984 a 1993, de inflación de un solo dígito, superior al 5 por 100 y caracterizada por una cierta erraticidad; y un tercer período, que se inicia en 1994, con

[21] Véase el Cap. IV del *World Economic Outlook* del FMI (octubre, 1993) y «El problema de la sostenibilidad de la deuda pública», de José Luis Raymond (*Perspectivas del Sistema Financiero*, núm. 46, 1994, Fundación FIES).

inflación por debajo del 5 por 100 y tendencia a la disminución. Y en todos los períodos, el déficit ha ejercido su efecto impulsor.

El crecimiento de los precios ha mermado la capacidad adquisitiva de segmentos amplios de la sociedad española. Cierto, muchos sueldos y salarios quedan indiciados o sobreindiciados respecto de la inflación, lo que constituye un escudo, a veces un escudo poderoso, frente a sus efectos; pero no todos los sueldos y salarios se indician, y no todas las rentas son sueldos y salarios. En concreto, la población pasiva, la que vive de pensiones y jubilaciones, pierde capacidad adquisitiva en una economía de inflación, por mucho que se corrijan, de vez en cuando, los módulos correspondientes; y toda una serie de rentas, sujetas a contrato y sin cláusula de revisión, como es el caso de muchos alquileres, han experimentado los efectos devastadores de una inflación que, en España, como en cualquier otra economía, quiebra la capacidad adquisitiva, y en consecuencia, el nivel de vida, de las franjas más débiles de la sociedad. En la medida en que el déficit ha sustentado la inflación, ha colaborado a esa reducción de nivel de vida.

La inversión, la variable clave del crecimiento, depende, en buena medida, del tipo de interés, especialmente de los tipos a largo plazo: el mayor o menor coste del capital desalentará la inversión o la animará. Y sin que sea fácil identificar la relación que liga el déficit público con los tipos de interés reales, porque existen otras variables explicativas y porque los retardos —el tiempo que media entre causa y efecto— emborronan la percepción, no caben muchas dudas acerca de su influencia, ejercida a través del mecanismo de expulsión financiera que el déficit pone en marcha: para financiar ese déficit, las Administraciones Públicas tienen que recurrir al ahorro privado, tienen que absorber parte del mismo, lo que termina por elevar los tipos de interés reales. Para el FMI, por ejemplo, el aumento generalizado de deuda pública de los países industriales puede haber elevado los tipos de interés reales, en los últimos quince años y de forma general, de 100 a 250 puntos básicos [22]. Una situación que, en su variante española, puede haber contribuido a que la formación bruta de capital fijo se redujera, en los quince años que transcurren entre 1981 y 1995, en más de tres puntos, en término medio y en porcentaje de PIB, con relación a la media del período 1971-80 [23].

Esa caída de la inversión ayuda a explicar por qué el ritmo medio de crecimiento de nuestra economía ha sido del 2,46 por 100 interanual en el período 1981-95, mientras que, en el 1971-80, significó el 3,5 por 100 [24]. Sin duda existen otras variables que han ejercido su influjo en dos períodos, como los señalados, que incluyen fases expansivas y recesivas, pero la relación déficit público —mayores tipos reales de interés— menor crecimiento no puede olvidarse por-

---

[22] *Perspectivas de la Economía Mundial*, mayo 1996, pág. 56.

[23] *European Economy*, núm. 62, 1996, Cuadro 19.

[24] INE: Contabilidad Nacional de España. Serie enlazada 1964-1991. Contabilidad Nacional.

que se sitúa en el centro de la cadena causal. Y pese a que la función que liga crecimiento y empleo privado —el empleo público responde a decisiones políticas— ni es conocida ni es constante, en un mundo de creciente apertura y rápido cambio tecnológico, el menor crecimiento de ese segundo período, el que media de 1981 a 1995, es también factor de peso en el aumento del desempleo, situado en el 11,6 por 100 de la población activa en 1980 y en el 22,9 por 100 en 1995[25].

La permanencia del desequilibrio de las cuentas públicas obliga a succionar ahorro privado lo que, como ya hemos señalado, deprime la inversión privada por conducto del aumento del tipo de interés real. Es posible que la disminución de la formación bruta de capital fijo, del período 1981-95, hubiese sido menor si la inversión privada hubiera sido sustituida por la pública; es decir, si el déficit se hubiera debido a un incremento sustancial de la inversión pública. Pero no ha sido así porque, como sabemos, la canalización de ahorro privado hacia las Administraciones Públicas ha tenido, como principal causa, la expansión de los gastos de transferencia y consumo. Por la vía de los recursos asignados al aumento corriente del nivel de vida, y no al crecimiento de la economía, las Administraciones Públicas han contribuido a la reducción del ritmo de crecimiento y al aumento del desempleo.

El déficit público impone, pues, un coste a la sociedad española, un coste que no por ser menos explícito deja de tener graves consecuencias: la permanencia del déficit reduce la capacidad adquisitiva de las franjas de población más débiles y limita el crecimiento de la economía, frenando, de esa forma, el nivel de empleo. Dos efectos muy significativos, desde el punto de vista del ciudadano medio, pero no los únicos efectos porque déficit y deuda no pueden reducirse prontamente, en especial a los niveles ya alcanzados de deuda, lo que produce un efecto intergeneracional.

¿Qué entendemos por efecto intergeneracional? La prolongación, durante un largo período, del impacto de la deuda; es decir, la traslación a generaciones venideras de una carga que habrán heredado y que afectará a sus niveles de vida.

En el Programa de Convergencia presentado por el Gobierno español al ECOFIN, en mayo de 1997, figura la siguiente proyección del comportamiento de las Administraciones Públicas en el período 1997-2000. (Véase Cuadro 2.2.)

Por nuestra parte, hemos proyectado, hasta el 2010, las cuentas anteriores, haciendo uso de hipótesis similares a las utilizadas en el documento oficial (5 por 100 interanual de crecimiento nominal del PIB; 5,4 por 100 interanual de crecimiento de los ingresos totales; 6,34 por 100 de interés medio de la deuda, el correspondiente al año 2000) y con el propósito de conocer cuál debe ser el aumento de los gastos para que, en el año 2010, la deuda se sitúe en el 35 por 100 del PIB, cifra considerada razonable por la mayoría de los organismos internacionales.

[25] *European Economy*, núm. 62, 1996, Cuadro 3.

Cuadro 2.2. Administraciones Públicas: evolución

Administraciones Públicas (Contabilidad nacional: % del PIB)				
	1997	**1998**	**1999**	**2000**
Total ingresos	40,7	40,7	40,5	40,3
Total gastos	43,7	43,2	42,5	41,9
Gastos corrientes	39,4	38,8	38,0	37,4
Gastos de capital	4,3	4,4	4,5	4,5
Cap. (+) nec. (–) finan. A.A.P.P.	**–3,0**	**–2,5**	**–2,0**	**–1,6**
Administración Central	–2,7	–2,3	–1,8	–1,4
Estado	–2,5	–2,1	–1,7	–1,4
Seguridad Social	–0,2	–0,2	–0,1	0,0
A.A.P.P. Territoriales	–0,3	–0,2	–0,2	–0,2
Deuda Bruta	**68,2**	**67,7**	**66,7**	**65,3**
Superávit primario	1,9	2,1	2,3	2,6

Fuente: Programa de Convergencia de España, 1997.

Como se advierte en el Cuadro 2.3, en el que figura la proyección, los gastos totales deben aumentar, en términos nominales, al 2,80 por 100 anual para que la deuda descienda hasta el nivel propuesto del 35 por 100 del PIB. Es más, de acuerdo con los datos de la previsión, ello permitiría que, en el año 2010, los gastos totales de las A.A.P.P. supusieran un 33,9 por 100 del PIB, proporción mucho menor que la actual —en 1996, el coeficiente fue 45,5 por 100, según datos del Informe Anual 1996 del Banco de España— lo que significaría, de un lado, disminuir el peso económico de las A.A.P.P. y facilitar, con ello, la acción del sector privado y, del otro, permitir que esas administraciones desempeñaran su triple acción económica —redistribuir, producir bienes públicos e invertir— a niveles todavía elevados.

Pero, ¿resultará fácil cumplir esa previsión o alguna otra similar? Evidentemente no, porque las hipótesis son estrictas: es preciso que la tasa de crecimiento real se mantenga alrededor del 3 por 100 interanual, una posibilidad que no depende tan solo de la política económica nacional, sino, además, del comportamiento de las grandes economías de la OCDE y, en especial, de las de la Unión Europea; es preciso, además, que ese crecimiento aumente las bases recaudatorias para que los ingresos fiscales se muevan en los niveles previstos, aunque se reduzcan las tarifas del IRPF; y es preciso que el entorno mundial y nacional permita que el coste de la deuda se mantenga en el 6,34 por 100.

Por otro lado, y para que el gasto nominal sólo crezca al 2,83 por 100 anual

Cuadro 2.3. Administraciones Públicas: proyección 2000-2010

Datos de partida:				
	Importe	**En**		
	(miles mill.)	**% S/ PIB**		
—Gastos totales año 2000	38.970,90	41,90%		
—Ingresos totales año 2000	37.484,00	40,30%		
—Deuda acumulada año 2000	60.764,00	65,33%		
—PIB año 2000	93.013,70			
Hipótesis de partida:				
—Incremento nominal ingresos totales	5,40%			
—Crecimiento anual PIB	5,00%			
—Tipo de interés anual de la deuda (cte.)	6,34%			
—Deuda/PIB año 2010	35,00%			
Resultados:				
	2000	**2001**	**2002**	**2003**
Gastos totales (en mm)	38.970,90	40.061,54	41.182,70	42.335,24
% Gastos totales / PIB	41,90%	41,02%	40,16%	39,32%
Ingresos totales (en mm)	37.484,00	39.508,14	41.641,58	43.890,22
% Ingresos totales / PIB	40,30%	40,45%	40,61%	40,76%
Déficit (–) / Superávit (+)	–1.486,90	–553,40	458,88	1.554,98
Deuda acumulada (en mm)	60.764,00	65.169,84	68.842,73	71.652,38
% Deuda acumulada / PIB	65,33%	66,73%	67,13%	66,55%
PIB (en mm)	93.013,70	97.664,39	102.547,60	107.674,98

Conclusión: Los gastos totales deben crecer al 2,80% anual, en términos nominales.

Cuadro 2.3. Administraciones Públicas: proyección 2000-2010 *(Continuación).*

Datos de partida:						
			Importe (miles mill.)	**En % S/ PIB**		
— Gastos totales año 2000			38.970,90	41,90%		
— Ingresos totales año 2000			37.484,00	40,30%		
— Deuda acumulada año 2000			60.764,00	65,33%		
— PIB año 2000			93.013,70			
Hipótesis de partida:						
— Incremento nominal ingresos totales			5,40%			
— Crecimiento anual PIB			5,00%			
— Tipo de interés anual de la deuda (cte.)			6,34%			
— Deuda/PIB año 2010			35,00%			
Resultados:						
2004	**2005**	**2006**	**2007**	**2008**	**2009**	**2010**
43.520,04	44.737,99	45.990,02	47.277,10	48.600,20	49.960,32	51.358,51
38,49%	37,69%	36,90%	36,12%	35,37%	34,62%	33,90%
46.260,29	48.758,35	51.391,30	54.166,43	57.091,42	60.174,35	63.423,77
40,92%	41,07%	41,23%	41,39%	41,54%	41,70%	41,86%
2.740,25	4.020,36	5.401,28	6.889,33	8.491,22	10.214,03	12.065,26
73.454,89	74.091,57	73.387,70	71.151,15	67.170,92	61.215,52	53.031,33
64,97%	62,41%	58,88%	54,36%	48,88%	42,42%	35,00%
113.058,73	118.711,67	124.647,25	130.879,62	137.423,60	144.294,78	151.509,52

Conclusión: Los gastos totales deben crecer al 2,80% anual, en términos nominales.

—es decir, por debajo del crecimiento real de la economía— se requiere una política presupuestaria restrictiva y mantenida, condición difícil de cumplir a lo largo de tan extenso período y que, sin duda, impondrá costes a las futuras generaciones, costes que aparecerán en forma de menores transferencias y aumento mucho más pausado de la producción de bienes públicos. Ese es uno de los efectos intergeneracionales.

El otro efecto es que, aún contando con que se aplique rigurosamente un programa de este tipo, la deuda todavía supondrá, en el 2010, un 35 por 100 del PIB; es decir, alcanzará niveles algo superiores a los del año 1982 y continuará ejerciendo un efecto nada desdeñable sobre la actividad económica general y los niveles de vida de la población. En última instancia, el efecto intergeneracional de la deuda se condensa en un razonamiento simple: la deuda contraída en el período 1975-1995, y que, sin duda, ha permitido alcanzar niveles de vida superiores a los compatibles con los recursos generados, reducirá los niveles de vida de las generaciones futuras.

3

La protección social

3.1. ¿QUÉ ES LA SEGURIDAD SOCIAL?

Por Seguridad Social ha de entenderse la cobertura de riesgos individuales —enfermedad, invalidez, vejez y desempleo resultan ser los más destacables— por el conjunto de la sociedad. Una situación que cuenta con poco más de un siglo de existencia puesto que, antes de que el mecanismo de protección tomase cuerpo, en la Alemania de Bismarck, los problemas de desamparo o indigencia, derivados de la incapacidad o imposibilidad de desempeñar un trabajo retribuido, sólo encontraban solución en el núcleo familiar o en instituciones de beneficencia.

Es Bismarck el que, a partir de 1883, inicia su primer sistema de protección, dedicado a financiar pensiones, y basado en las aportaciones de trabajadores y empresarios, con ciertas ayudas estatales. Su razón fundamental: disminuir las tensiones sociales que hervían en un país en pleno proceso de industrialización y reducir la atracción de las fórmulas socialistas. Por tratarse de un sistema de contribución directa, en el que los derechos quedan ligados a las prestaciones, recibe el nombre de *sistema profesional*.

Aunque, en el primer tercio del siglo XX, numerosos países ponen en marcha planes diversos de protección social, la segunda malla de la red de seguridad, tal y como hoy la conocemos, no aparece hasta 1942, en el Reino Unido. Los informes de Beveridge sirven de guía para instaurar, con cargo al presupuesto, una serie de prestaciones que buscan eliminar cualquier situación individual de desamparo; dado que los derechos se extienden a toda la población, y no están vinculados a contribuciones específicas, la fórmula recibe el nombre de *sistema universal* y es el propio Gobierno británico el que bautiza la protección dispensada por esa vía con la denominación «Estado de Bienestar» (Estado-Providencia es también un termino adecuado). Una denominación que pretende diferenciar los objetivos perseguidos por el gobierno del Reino Unido —Welfare State— de los buscados por la Alemania de Hitler —Warfare State: el bienestar de todos los ciudadanos en lugar de la guerra continua. El nombre, que fue, en su inicio, un reclamo propagandístico en las horas de una feroz contienda, se ha constituido, como bien conocemos, en la marca distintiva de las sociedades avanzadas[1].

Con el tiempo, los dos sistemas se han aproximado de forma continua. En el caso del profesional, porque los riesgos incluidos son cada vez más numerosos, porque también lo son los colectivos a los que ampara y porque las cotizaciones resultan insuficientes para financiar las prestaciones y debe ser el presupuesto el que aporte la diferencia. En el caso del universal, porque padece problemas similares de financiación y porque el efecto desincentivador que ejerce, sobre el empleo, el coste de la mano de obra apenas difiere bajo una u otra fórmula: al fin y al cabo las cotizaciones son, también, impuestos.

3.2. LA SEGURIDAD SOCIAL EN ESPAÑA

El sistema de Seguridad Social español se inicia con el siglo XX y muestra dos características singulares: haber sido construido sin orden alguno y presentar, todavía hoy, una organización dispersa.

El sistema, de base profesional, se ha ido completando a impulsos de sucesivas presiones sociales y políticas sin que, en su desarrollo, pueda observarse orden lógico alguno, como se advierte al enumerar los hitos más destacables:

- 1902 Se crea el Instituto Nacional de Previsión, organismo encargado de gestionar seguros de carácter voluntario que, posteriormente, deberían constituirse en obligatorios.
- 1919 Nace el Retiro Obrero Obligatorio para asalariados que no superasen determinados ingresos anuales. Contaba con aportaciones de las empresas y del Estado.
- 1926 Se crea el Seguro de Maternidad, limitado a asalariados que no excediesen un determinado límite de ingresos.
- 1932 Se crea el Seguro Obligatorio de Accidentes de Trabajo. Corría a cargo de las empresas y podía contratarse con compañías de seguro privadas o con los organismos públicos correspondientes.
- 1937 Aparece el Subsidio Familiar, destinado a proteger a trabajadores por cuenta ajena. Su financiación correspondía a trabajadores, a empresarios y al Estado, y la gestión al Instituto Nacional de Previsión.

---

[1] Para más detalles, véase el Cap. 4 de «Averting the Old Age Crisis», Banco Mundial, Oxford University Press, 1994.

1939 Nace el Subsidio de Vejez e Invalidez, que sustituye al Retiro Obrero Obligatorio. Cuenta con financiación empresarial y estatal.

1942 Se inicia el Seguro Obligatorio de Enfermedad, con prestaciones sanitarias y dinerarias. La financiación es tripartita: trabajadores, empresarios y Estado.

1944 Se consolida el Mutualismo Laboral. Se trata de fórmulas de cobertura de riesgos para la industria y los servicios que abarcan múltiples estamentos profesionales y que se superponen a los seguros ya existentes; una superposición que rompe la línea hasta entonces seguida.

1961 Creación del Seguro Nacional de Desempleo.

1963 Ley de Bases de la Seguridad Social. Constituye un intento de reorganización de la red de protección social, sin excesivas pretensiones unificadoras. Según esa norma, la Seguridad Social es una función que corresponde al Estado, que excluye el ánimo de lucro y que contribuye a redistribuir la renta. La ley unifica una serie de prestaciones, consagra la existencia de subvenciones estatales que sirven de complemento a las cotizaciones de trabajadores y empresarios, y traslada al mutualismo laboral la gestión de los seguros de invalidez permanente y vejez, es decir la parte más importante del sistema de pensiones.

1974 Ley General de la Seguridad Social. Define el campo de aplicación, la composición del sistema y su financiación.

1978 El artículo 41 de la Constitución declara que la Seguridad Social es un derecho de todos los españoles. En ese mismo año, un Real Decreto (36/1978) reorganiza la configuración de la misma, descentralizando la gestión: el Instituto Nacional de la Seguridad Social (INSS), que absorbe a las mutualidades laborales, gestiona las prestaciones económicas; el Instituto Nacional de la Salud (Insalud) gestiona y administra los servicios sanitarios; el Instituto Nacional de Servicios Sociales (Inserso) se ocupa de las prestaciones complementarias; el Instituto Nacional de Asistencia Social (INAS), antigua Beneficencia, se encarga de los servicios de asistencia social; se crea el Instituto de Empleo (Inem), adscrito al Ministerio de Trabajo, para canalizar las ayudas, activas y pasivas, a los desempleados.

1980 Ley Básica de Empleo. Define las políticas activas de empleo y los sistemas de protección del desempleo.

1986 Se promulga la Ley General de Sanidad (14/1986) para transformar el modelo vigente en un Sistema Nacional de Salud[2].

1994 Ley General de Seguridad Social. Norma que refunde y armoniza todas las disposiciones legales aprobadas desde 1974.

1997 Ley de Consolidación y Racionalización del Sistema de Seguridad Social. Sobre financiación y determinación de las pensiones.

---

[2] Detalles más amplios del proceso figuran en el Cap. I de «El tercer viraje de la Seguridad Social en España», de JUAN VELARDE FUERTES, *Instituto de Estudios Económicos*, Madrid 1990.

Como puede advertirse, las etapas recorridas por la Seguridad Social española no permiten hablar de un sistema homogéneo, sino de un dispositivo creado por adición y superposición de piezas. Y esa falta de homogeneidad se hace aún más patente al comprobar que, aún después de ciertas simplificaciones operadas a partir de 1978, todavía subsisten varios regímenes de protección dispares, como muestra el Cuadro 3.1[3].

Cuadro 3.1. Los eslabones de la protección social (red básica)

Seguridad Social (INSS, Insalud, Inserso, INAS, Tesorería General de la Seguridad Social)	**Régimen General:** trabajadores por cuenta ajena; personal de alta dirección; personal civil no funcionario al servicio del Estado, personal de la Administración Local (que no esté incluido en otro régimen) funcionarios del estado transferidos a las C.C.A.A. que ingresen en cuerpos o escalas de sus comunidades... **Regímenes especiales:** trabajadores autónomos; trabajadores de actividades agrícolas, industriales y pecuarias; trabajadores del mar; empleados de hogar; estudiantes...
Clases Pasivas (Pensiones de jubilación y retiro)	Funcionarios civiles y militares de la Administración del Estado, funcionarios de las Cortes Generales y de la Administración de Justicia.
Mutualidad General de Funcionarios Civiles del Estado: Muface (Asistencia Sanitaria y ayudas especiales)	Funcionarios civiles del Estado.
Fuerzas Armadas: Isfas (Asistencia Sanitaria y ayudas especiales)	Funcionarios militares de la Administración del Estado.
Instituto Nacional de Empleo: Inem (Ayudas, activas y pasivas, a los trabajadores en paro)	Para trabajadores incluidos en la Seguridad Social.

Fuentes: Ley General de la Seguridad Social, 1994; ley de Presupuestos del Estado, 1985; ley 29/1975; Real Decreto 36/1978; Real Decreto 2330/78.

[3] A nuestro entender, el concepto de Seguridad Social no puede circunscribirse a las instituciones así denominadas, sino que debe incluir las pensiones de funcionarios públicos (clases pasivas), las instituciones que les prestan asistencia sanitaria y la cobertura del desempleo gestionada por el Inem.

Puesto que el presente estudio tiene, como principal objetivo, calibrar los compromisos financieros contraídos por las Administraciones Públicas y valorar, por tanto, la viabilidad del mecanismo de protección social, en sentido amplio, la aproximación primera al problema debe consistir en singularizar las aportaciones presupuestarias a la red descrita. La imagen financiera no es completa, dado que muchas funciones están transferidas, pero sí suficientemente reveladora. (Véase Cuadro 3.2.)

Cuadro 3.2. Aportaciones del Estado a la red de protección social (1996)

	Aportación (mill. ptas.)
A Seguridad Social	3.475.208
A Clases Pasivas	661.500
A MUFACE	120.854
A ISFAS	69.063
A INEM	347.496
TOTAL	4.674.121

Fuente: Informes económico-financieros de la Seguridad Social, IGAE (1995, 1996). Elaboración propia.

Las cifras utilizadas muestran que el mecanismo de protección social no se financia con las aportaciones de los colectivos correspondientes. Requiere, según esos datos, una aportación presupuestaria de 4.674.121 millones de pesetas, equivalente al 6,3 por 100 del PIB de 1996. Y, lo que es más importante, esa aportación presupuestaria muestra un perfil alarmante, como refleja el Cuadro 3.3. Es decir, la red de protección social es no sólo deficitaria, sino que además, el desequilibrio tiende a crecer. Ahí radica su debilidad fundamental, una debilidad que no es pasajera, sino permanente porque, al igual que sucede en la mayoría de países OCDE, trae causa de la evolución socioeconómica.

Cuadro 3.3. Aportaciones del Estado a la red de protección social (% PIB)

Años	**1990**	**1991**	**1992**	**1993**	**1994**	**1995**	**1996**
Aportación	5,3	5,4	6,2	7,7	6,8	6,8	6,3

Fuentes: Informes económico-financieros de la Seguridad Social, IGAE (1995, 1996), Cuentas financieras de la economía española (1987-1996) del Banco de España y elaboración propia.

3.3. LAS RAÍCES DEL PROBLEMA

La primera raíz del problema es el comportamiento demográfico de la sociedad española, caracterizado por la baja tasa de natalidad y el aumento de la esperanza de vida.

Hace unos 30 años la natalidad española rondaba los tres hijos por mujer; hoy apenas alcanza a 1,3 hijos por mujer. Detrás de esa ruptura demográfica se encuentran factores tales como la urbanización del país, la irrupción de la mujer en el mercado laboral, la caída de la nupcialidad y el cambio de valores sociales que el crecimiento de la renta y del bienestar induce, pero el efecto principal, desde el punto de vista que nos ocupa, es claro: la población en edad activa se reduce progresivamente.

A principio de siglo la esperanza de vida era de 33,9 años para los hombres y de 35,7 años para las mujeres; al iniciarse la presente década se situaba en 73,3 años para los hombres y 80,5 años para las mujeres[4]. La medicina, la alimentación y, de nuevo, el crecimiento de la renta y del bienestar han propiciado esa favorable evolución que supone, en lo que a la red de protección social atañe, el aumento, también progresivo, del número de personas de edad avanzada.

Puesto que los rumbos demográficos son inerciales —en el horizonte previsible la natalidad seguirá siendo baja y la esperanza de vida tenderá a alargarse— las proyecciones de población muestran, todas, un cambio, en el mismo sentido, de la pirámide de población: la base se estrecha y la parte alta de la pirámide se ensancha; dicho de manera más rotunda: cada vez habrá menos jóvenes y más viejos, como se desprende del Cuadro 3.4.

Los datos reflejan, como puede advertirse, las tendencias descritas, que quedan claramente resumidas en el aumento previsto de la tasa de dependencia demográfica o proporción que suponen los más jóvenes (0 a 14 años) y los más viejos (65 y más años) respecto de la población en edad productiva (15 a 64 años). La estimación contenida en esa tabla supone pasar del 46,8 por 100 en 1995 al 57,4 por 100 en 2025, con incrementos continuados.

¿Cuáles son los impactos que ese cambio, también denominado «invierno demográfico», produce sobre la red de protección social? Menor proporción de personas potencialmente activas implica reducir, de forma continuada, los ingresos del sistema, trátese de cotizaciones o de impuestos. Mayor proporción de personas potencialmente pasivas implica aumentar los gastos del sistema, trátese de pensiones, atenciones médicas o servicios asistenciales. La base financiera del sistema se estrecha al tiempo que las necesidades se amplían, una situación que, por sí sola, bastaría para poner en tela de juicio su viabilidad de no existir factores adicionales de carácter sinérgico.

La segunda raíz del problema radica en la singularidad de la fuerza de trabajo española, con baja población activa y elevada tasa de paro. En España, la

[4] Véase Cuadro 1 de «El sistema sanitario español: alternativas para su reforma», de *National Economic Research Associates*, Madrid, 1997.

Cuadro 3.4. Proyecciones de población y tasas de dependencia: 1995-2025. (Miles y porcentajes)

	1995	2000	2005	2010	2015	2020	2025
Población total	39.416	39.929	40.562	41.110	41.313	41.142	40.768
Población de 0 a 14 años	6.522	6.267	6.622	7.198	7.336	6.941	6.208
Población de 15 a 59 años	24.690	25.093	24.948	24.460	24.069	23.571	23.014
Población de 60 a 64 años	2.154	1.879	2.047	2.244	2.334	2.660	2.887
Población de 65 y más años	6.050	6.690	6.944	7.209	7.574	7.971	8.660
Tasa de dependencia de los jóvenes (1)	24,3	23,2	24,5	27,0	27,8	26,5	24,0
Tasa de dependencia de los mayores (2)	22,5	24,8	25,7	27,0	28,7	30,4	33,4
Tasa de dependencia demográfica (3)	46,8	48,0	50,3	53,9	56,5	56,8	57,4

(1) Población de 0 a 14 años por cada 100 personas de 15 a 64 años.
(2) Población de 65 y más años por cada 100 personas de 15 a 64 años.
(3) Población de 0 a 14, y 65 y más años por cada 100 personas de 15 a 64 años.

Fuente: José Herce y Víctor Pérez Díaz: «La reforma del sistema público de pensiones en España», *Colección Estudios e Informes de La Caixa*, núm. 4, 1995. Cuadro 2.1.

tasa de actividad —el número de personas de dieciséis años o más que cuentan con un empleo o que lo buscan— es, según datos oficiales, un 58,3 por 100 del colectivo en edad legal de trabajar y la tasa de paro el 22,3 por 100 de la población activa. La población activa es, pues, unos diez puntos inferior a la de los grandes países OCDE, porque las mujeres participan menos en los mercados de trabajo y porque la persistencia de tasas de desempleo elevadas desalienta, en muchos casos, la búsqueda de trabajo [5]. El problema del paro presenta dos vertientes que se influyen recíprocamente, a partir de una situación conocida: desde mediados de los años setenta, y salvo en el período 1985-1991, la economía española ha crecido bastante por debajo de su producto potencial, lo cual implica menores requerimientos de mano de obra; pero, además de ello, los crecimientos logrados generan poco empleo, situación bastante generalizada en los países de la UE pero que, en el caso español, adquiere tintes dramáticos por ser el país de la OCDE con mayor tasa de paro oficial. El efecto expulsor de la tecnología, y la inadecuación de los conocimientos de la mano de obra en un mundo de cambios veloces, son factores explicativos de cierto peso, pero las causas más directamente ligadas al fenómeno del desempleo masivo parecen ser las características de los mercados laborales españoles, unos mercados que acusan enormes rigideces y que, por tanto, desalientan la contratación y estimulan la sustitución trabajo-capital [6]. Los dos aspectos del problema se influyen porque el crecimiento lento reduce la demanda de trabajo y porque las rigideces de los mercados de trabajo, y la subsiguiente presión sobre los costes laborales, erosionan la competitividad del sistema productivo y recortan su capacidad de crecimiento.

Y tanto la reducida población activa como la elevada tasa de paro inciden, negativamente, sobre la red de protección social. Son menos los que participan en su financiación y más los que requieren de su apoyo: cuanto mayor sea el paro, mayores serán los gastos ligados al problema, especialmente los generados por el subsidio de desempleo.

La tercera de las raíces es la ampliación de las coberturas de riesgos en busca de una Seguridad Social que, aunque todavía con marcado aire profesional, viene persiguiendo la universalidad desde la Constitución de 1978. Los colectivos amparados por la red de protección social se han ampliado, han aparecido las prestaciones no contributivas, con las que se pretende amparar a los segmentos más desfavorecidos de la sociedad, se ha generalizado el derecho a la asistencia sanitaria y se ha elevado la capacidad adquisitiva de las pensiones amén de que, por el denominado «efecto sustitución» —las bases reguladoras

---

[5] Los datos corresponden al año 1996 y figuran en el Cuadro V.1.8. de las «Cuentas financieras de la economía española, (1987-1996)», del Banco de España. Madrid, 1997.

[6] Para un análisis global del desempleo en Europa, véase el informe del CEPR «Unemployment: Choices for Europe», CEPR, Londres, 1995. En especial, el Cap. 3. Para un análisis cuantificado del problema español, véase «The Causes of Spanish Unemployment: A Structural VAR Approach», de Juan Dolado y Juan Jimeno, Fedea, documento de trabajo 96-19.

de los nuevos pensionistas van siendo cada vez mayores— el gasto en pensiones ha crecido sustancialmente. Lo cual ha dado lugar a que, de 1980 a 1985, el gasto de la Seguridad Social en sentido estricto —sin funcionarios ni desempleo— creciera a una tasa interanual del 4,8 por 100, en términos reales, al tiempo que la producción total lo hacía al 3 por 100[7].

La cuarta de las raíces es el fraude, tanto en los ingresos como en los gastos. Las cotizaciones, tanto de empresarios como de trabajadores, suponen, en la actualidad, unas dos terceras partes de los ingresos totales de la Seguridad Social y casi un 80 por 100 de los del Inem; en total, unos 9,5 billones de pesetas en el presupuesto de 1997[8]. Para los empresarios las cotizaciones son impuestos sobre la nómina que recargan el coste laboral y merman su capacidad de competencia; para los trabajadores, las cotizaciones son cuñas fiscales que reducen su salario neto. Eludir las cotizaciones supone, para unos y otros, beneficios cuantificables lo que estimula las conductas irregulares, conductas que adoptan modalidades muy distintas: unas veces la empresa no se inscribe y opera en esa ancha franja de la economía sumergida; otras veces se producen altas y bajas sucesivas de los trabajadores, pese a que todos permanezcan en activo, para eludir días de cotización; otras veces la empresa inicial, con deudas importantes frente a la Seguridad Social, desaparece y reaparece con denominación nueva, en un intento de obviar las obligaciones contraídas; en ocasiones no se declara una parte de la retribución, haciéndola figurar como dietas o gastos de locomoción; en determinados casos la jornada completa figura, a efectos de cotización, como trabajo a tiempo parcial; en determinados momentos se introducen errores intencionados en las declaraciones para reducir la base de cotización. El porcentaje de fraude parece haber oscilado, en 1993, entre el 10 por 100 y el 20 por 100 de los ingresos teóricos del sistema[9].

Las prestaciones facilitadas por la red de protección social son rentas, en dinero o en especie; lo que supone, de nuevo, incentivos notables para la defraudación, que también ha lugar por múltiples vías. Una de ellas es la permanencia indebida en la situación de incapacidad laboral transitoria, riesgo que supone que, por enfermedad o accidente, el trabajador está temporalmente incapacitado para desempeñar sus tareas y requiere asistencia sanitaria. El aumento del gasto en esa modalidad, y su desproporción con los datos de países similares, parece revelar que los beneficiarios alargan su permanencia en esa situación muy por encima de los períodos normales, entre otras razones porque desempeñan, simultáneamente, actividades retribuidas y no declaradas. Como veremos más adelante, en las prestaciones farmacéuticas aparecen conductas fraudulentas de índole muy diversa: desde la falsificación de recetas de la Segu-

---

[7] Datos de «La Seguridad Social en el umbral del siglo XXI», Ministerio de Trabajo y Seguridad Social, Madrid, 1996. Pág. 23.

[8] Ministerio de Economía y Hacienda: «Presentación del Proyecto de Presupuestos Generales del Estado, 1997».

[9] Instituto de Estudios Fiscales: «Informe sobre el fraude en España», Madrid, 1994. Pág. 218.

ridad Social para obtener los medicamentos de forma gratuita, hasta la utilización de recetas de pensionistas por parte de los trabajadores en activo: éstos deben abonar el 40 por 100 del precio del medicamento, mientras que aquéllos lo obtienen sin desembolso alguno, una diferencia de coste que estimula la irregularidad, en especial de las familias. Desde que, en 1990, surgieron las pensiones no contributivas, destinadas a paliar las situaciones de indigencia, han aparecido, así mismo, las declaraciones irregulares que persiguen la obtención del derecho correspondiente; por lo general, mediante la ocultación o falseamiento de datos económicos. Las variantes del fraude en las prestaciones de desempleo pueden revestir las más variadas formas. Unas veces se simula la relación laboral para crear el derecho a la prestación; otras veces el empresario y el trabajador acuerdan una baja voluntaria que se presenta como despido improcedente y que da lugar, de un lado, a que la indemnización no produzca efectos fiscales y, del otro, a que se tenga derecho a la subvención de desempleo; en muchas ocasiones el trabajador sigue percibiendo el subsidio pese a desempeñar un trabajo retribuido; en ocasiones se ocultan las circunstancias sobrevenidas que extinguen el derecho a la prestación.

El informe del Instituto de Estudios Fiscales no facilita cálculo alguno del fraude en las prestaciones del mecanismo de Seguridad Social, aunque hay que suponer que, por las varias figuras jurídicas existentes y por la mayor dificultad de control, los porcentajes no deben ser inferiores a los estimados en el caso de los ingresos [10].

La quinta de las raíces enlaza, directamente, con el grueso de las prestaciones sociales: las pensiones. Suponen, en la previsión de 1997 algo más del 90 por 100 de las prestaciones económicas de la Seguridad Social y, por consiguiente, un 60 por 100 de su gasto total, unos 7,2 billones de pesetas [11].

Existen, en el mundo, dos formas de financiar las pensiones: la capitalización y el reparto. La primera de ellas supone que, con las contribuciones de empresas y trabajadores, se crea un fondo que garantiza un determinado flujo de renta en el momento en el que el trabajador finalice su vida activa. Es un fondo que sigue al trabajador, sea cual sea la empresa en la que trabaje, y que asegura, por tanto, las rentas futuras. La segunda de las fórmulas implica que, con las aportaciones de los trabajadores activos, se pagan las jubilaciones de los pasivos. En Norteamérica se utiliza el sistema de capitalización; en Europa se sigue, por lo general, el sistema de reparto, el vigente en España. Los dos presentan ventajas e inconvenientes: el primero de ellos asegura, como ya se ha indicado, la percepción de la pensión, salvo en períodos de inflación elevada y persistente, que pueden erosionar, de forma muy apreciable, el valor de la moneda; el segundo queda protegido de esa contingencia, pero requiere que exista un

---

[10] Las modalidades de fraude, en ingresos y gastos, resumen la información contenida en el trabajo mencionado del Instituto de Estudios Fiscales.

[11] Ministerio de Economía y Hacienda. *Op. cit.*

número suficiente de cotizantes que financie, año tras año, la pensión de los jubilados. Y ahí radica, en el caso de España y de muchos otros países europeos, la debilidad primera de la fórmula.

En nuestro país, ya se ha dicho, la evolución demográfica y el paro dan lugar a una separación creciente entre los que cotizan y los que perciben, lo que plantea un problema de insuficiencia de prestaciones con que financiar las pensiones. Puede alegarse que, hasta el momento, las cotizaciones bastan para financiar las pensiones y que lo que debe hacerse es dedicar el total de aquéllas a financiar éstas, pero esa solución no hace sino encubrir el problema básico: por el momento es posible seguir esa vía, lo que significa que todas las demás prestaciones deberán ser financiadas con cargo al presupuesto, un presupuesto sometido a restricciones crecientes y que plantea dudas respecto de las financiaciones futuras de las otras prestaciones; pero es que, además, la situación actual —equilibrio entre cotizaciones y pensiones— no va a mantenerse durante mucho tiempo porque, como bien sabemos, cada vez son menos los que aportan y más los que perciben.

Son esas cinco causas las que generan la insuficiencia financiera del actual mecanismo de protección social, causas de índole estructural, especialmente la primera, segunda y quinta —las más importantes, sin duda— y, por tanto, causas que no pueden modificarse con facilidad. Y, llegados a este punto, y puesto que nos hallamos ante un problema de separación entre ingresos y gastos, cabe preguntarse si es posible hacer uso de la solución más sencilla: aumentar los ingresos o recortar los gastos.

3.4. ¿ES POSIBLE AUMENTAR LOS INGRESOS?

Como bien sabemos, la red de protección social se financia con cotizaciones y transferencias presupuestarias aunque cuente, también, con otras fuentes de menor importancia. En consecuencia, se trata de analizar la posibilidad de aumentar cotizaciones o impuestos, o ambos a la vez.

Las cotizaciones representan un impuesto sobre la nómina y, por consiguiente, inciden sobre los costes y competitividad de las empresas, sobre el empleo y sobre las negociaciones salariales.

Existe una conocida diferencia entre el coste laboral por empleado (lo que cada trabajador cuesta a la empresa en la que trabaja) y el coste salarial por empleado (lo que el trabajador recibe de la empresa, en términos brutos, es decir sin descontar la retención); esa diferencia es la carga social de la empresa y cuanto mayor sea, mayores serán sus costes de producción. Uno de los últimos cálculos estima que, en los sectores industriales, y para el año 1992, la carga social, en términos reales, oscilaba entre el 28,9 por 100 y el 40,9 por 100 de los sueldos y salarios brutos, con una media del 31,7 por 100. Aunque ese porcentaje disminuyó casi tres puntos de 1986 a 1992, sigue siendo elevado y cuenta entre los más altos de la Unión Europea; aumentarlo de nuevo, por incremento de las cotizaciones al mecanismo de protección social, significaría una elevación de costes y precios generalizada [12].

La competitividad de cualquier empresa no depende sólo de sus costes de producción —y aún menos en el tráfico internacional, en el que el tipo de cambio juega un papel destacado— porque no hay traslación inmediata de costes a precios: los porcentajes de costes laborales totales sobre Valor Añadido Bruto difieren de unos sectores a otros, en toda la franja productiva, y los aumentos de productividad servirán de amortiguadores de la elevación de aquéllos. Pero es difícil que el incremento de los costes laborales no reduzca, de un modo u otro, la competitividad de las empresas y sobre todo cuando esos aumentos se deben a incremento de cotizaciones, sin efecto estimulador aparente sobre la fuerza de trabajo; antes bien, con efecto desestimulador porque recorta el salario neto.

Sin que exista una valoración única del efecto que las cotizaciones sociales producen sobre la demanda de trabajo, no caben muchas dudas de que, al encarecer el coste laboral, las aportaciones al organismo de protección social restringen la oferta de empleo de los empresarios. En cuánto la restringen depende de factores diversos tales como la elasticidad de sustitución trabajo-capital, la evolución del precio relativo de los dos factores o la posición cíclica de la economía. Y precisamente porque la restringen es por lo que, tanto en la Unión Europea como en España, se ha propuesto, en diversas ocasiones, reducir las cotizaciones empresariales y aumentar, de forma compensatoria, el IVA [13].

Para el trabajador, el dato que cuenta, a la hora de valorar su retribución, es el salario neto porque determina su capacidad adquisitiva. Los aumentos de cotizaciones sociales reducen ese salario neto porque una parte de la cotización social corre de su cuenta, aunque sea descontable de la base tributaria de su impuesto de renta. Resultado probable: que la elevación de cuotas impulse el alza general de salarios, y tanto más en un país como España donde prevalece la negociación global de los mismos.

Todos los efectos reseñados, que vienen a reducir el ritmo de crecimiento global y los niveles de empleo, desaconsejan, en el caso español, un aumento de las cotizaciones sociales. Lo mismo que ocurre con los impuestos, por las razones que, a continuación, se enumeran.

Ya sabemos que la estructura impositiva española se basa, al igual que la mayoría de las comunitarias, en tres impuestos básicos: el que grava la renta de las personas físicas, el que gira sobre los beneficios de las sociedades y el impuesto sobre el valor añadido.

El IRPF contiene una escala de gravamen que se encuentra entre las más altas de la Unión Europea y de la OCDE: la tasa marginal es del 56 por 100

---

[12] Los datos proceden del trabajo de JOSÉ A. HERCE: «Protección social y competitividad: el caso español», Fundación BBV, Madrid, 1996. Cuadro 4.6.

[13] Sobre este punto véase el Cap. 8 de «La reforma de la imposición empresarial en España», de JUAN FRANCISCO CORONA y RAQUEL PAREDES, Instituto de Estudios Económicos, Madrid, 1996.

y los tramos son lo suficientemente cortos como para que el marginal se alcance con cierta rapidez. Más aún, la dureza de ese impuesto hace que gravite, en realidad, sobre los perceptores de sueldos y salarios, los que tienen sus ingresos declarados, y que, por tanto, su poder recaudatorio real sea bastante menor que el teórico. Aumentar, por tanto, la escala de gravámenes es punto menos que imposible, en una sociedad presa ya de un claro cansancio fiscal, porque difícilmente se conseguiría aumentar la recaudación —el fraude se elevaría— al tiempo que la equidad, tanto horizontal como vertical, resultaría aún más dañada.

El impuesto sobre sociedades es similar al vigente en la mayoría de los países comunitarios aunque presente alguna característica singular, por ejemplo la doble imposición a que se ven sometidos los dividendos, ya que el tributo recae sobre el beneficio bruto; sucede, pues, que el impuesto de sociedades abarca el conjunto de los beneficios, reservas y beneficios distribuidos, y que, posteriormente, los dividendos pasan a engrosar la renta del accionista y a tributar por el tipo que le corresponda. Esa doble imposición, que en España alcanza el nivel máximo puesto que, en muchos países de nuestro entorno, los dividendos reciben un tratamiento más favorable, desestimula la capitalización de las empresas sometidas, además, a una batería de impuestos adicionales: transmisiones patrimoniales, en toda una serie de actividades societarias, Impuesto sobre Actividades Económicas (IAE), impuesto sobre bienes inmuebles, etc... Elevar el impuesto de sociedades o los varios que recaen sobre la actividad de la empresa no haría sino frenar, de un lado, la creación de empresas y, del otro, recortar su competitividad, es decir facilitar su destrucción[14].

El tipo central del IVA es, en España, del 16 por 100, de conformidad con el consenso comunitario. A menos que, a escala de la Unión Europea, se decidiera elevar los tipos de impuesto, resulta impensable poder hacerlo en España porque, en el contexto de mercado único, lo que probablemente sucedería es que la recaudación disminuiría, porque muchas de las transacciones sometidas a IVA se desplazarían a países con menor tipo.

En términos generales, y salvo algún desplazamiento de carga impositiva entre distintas figuras tributarias, no es aconsejable elevar la presión fiscal en un entorno abierto, en un mundo en el que el capital se mueve con entera libertad y en el que las demandas sociales parecen moverse en sentido contrario: reducir en lugar de aumentar.

La solución del problema financiero de la Seguridad Social, en sentido amplio, no puede venir del lado de los ingresos, como no puede resultar de un acrecentamiento del déficit público, sometido ya a restricciones muy fuertes. Debería venir del lado de los gastos pero, de nuevo, la solución dista mucho de ser sencilla.

---

[14] CORONA y PAREDES, *op. cit.*, Cap. 2, 6 y 7.

3.5. ¿ES POSIBLE REDUCIR LOS GASTOS?

Desde una perspectiva general no debería ser difícil reducir un gasto que alcanza, en términos latos, unos quince billones de pesetas, y en el que se aprecian diferentes formas de fraude. Esa apreciación global olvida, sin embargo, la acción de una serie de fuerzas sociales que contribuyen a dilatarlo.

Como buena parte de los países OCDE, nuestro país se ha convertido en una Sociedad de Transferencia, es decir una sociedad en la que el nivel de vida de una proporción elevada de la población depende del esfuerzo redistribuidor. Casi siete millones de personas perciben una pensión de la Seguridad Social, de uno u otro tipo —con incidencia familiar importante—; aproximadamente unas 700.000 personas reciben pensiones encuadradas en el sistema de Clases Pasivas; un 73 por 100 de la población total goza de atención médica y farmacéutica por la vía de las prestaciones sanitarias; casi un millón de personas son beneficiarias de los variados servicios del Inserso —desde atenciones especializadas a viajes turísticos subvencionados—, el seguro de desempleo cubre un colectivo aproximado de 1.500.000 personas y, en Andalucía y Extremadura, el Plan de Empleo Rural (antes PER y ahora Programa de Fomento de Empleo Agrario) garantiza unos ingresos mínimos a unas 216.000 personas. Cierto es que las prestaciones se solapan en muchos casos —los trabajadores jubilados reciben atención médica gratuita, medicamentos incluidos, y hacen uso de las facilidades del Inserso, pero las cifras, aunque requieran consolidación, permiten comprender la magnitud del problema, un problema que tiende a agrandarse por la acción de factores que ya hemos analizado[15]. Sin temor a grandes equivocaciones podría, pues, afirmarse que, por una vía u otra, todas las familias españolas forman parte de la Sociedad de Transferencia. Por tanto, cualquier intento de reducir los gastos, empezando por los que se derivan de conductas irregulares, va a afectar a colectivos importantes y a topar con enormes resistencias sociales, acentuadas por la pugna política.

Ya sabemos que en una democracia moderna la acción fundamental de los partidos políticos consiste en ofrecer prestaciones económicas a cambio de votos. La transacción podrá disimularse cuanto se quiera pero su naturaleza es inequívoca y basta con analizar cualquier campaña electoral para comprender que ése es el juego y no otro. Cada partido le ofrecerá, a cada estrato significativo de población, los beneficios económicos que más le interesen; cada partido se esforzará por hacer comprender al segmento de población correspondiente que esos bene-

[15] *Fuentes*: Datos contenidos en: Ministerio de Trabajo y Seguridad Social: «La Seguridad Social en el umbral del siglo XXI»; A. REDECILLAS: «Los compromisos financieros de la S.S. relativos a pensiones», Fundación BBV, marzo 1996; Ministerio de Sanidad y Consumo: «Descripción y estado de situación del Sistema Nacional de Salud», Madrid, 1997; Ministerio de Economía y Hacienda: «Síntesis de Indicadores Económicos», junio 1997; Ministerio de Trabajo y Asuntos Sociales: «Anuario de Estadísticas Laborales y de Asuntos Sociales, 1995»; Presupuesto del Inserso, 1997.

ficios se lograrán si el gobierno queda en sus manos, y no en las de los partidos de la oposición. ¿Cómo introducir, en un programa electoral, un recorte de gastos de protección social sin sufrir una caída sustancial en los votos recogidos? La apuesta es arriesgadísima porque los partidos de oposición jugarían inmediatamente a la contra —por convencidos que estuvieran de la bondad de las medidas— para desviar votos a su favor. Tanto es así que el denominado Pacto de Toledo, firmado en 1995 por todos los partidos políticos y refrendado por el Congreso de los Diputados, no debe interpretarse como una decisión que asegure la viabilidad del actual sistema de pensiones, la duda de mayor alcance que planea sobre la sociedad española, sino como un acuerdo entre los principales partidos para no utilizar el tema de las pensiones como arma arrojadiza en cualquier confrontación electoral. Al fin y al cabo, las pensiones no dependen de voluntades políticas, sino de toda una serie de variables demográficas y económicas y, si el sistema no se reconduce por las vías adecuadas, de nada servirán los pactos políticos porque la voluntad del legislador no crea, por sí sola, recursos financieros.

Pero, además, repetimos, el juego político se ve reforzado por la presencia y potencia de los medios de comunicación, proclives, en general, a poner en solfa cualquier decisión que pretenda recortar el gasto público y, por lo menos en España, paladines de una idea arraigada en el conjunto de la sociedad: que el Estado debe resolver los problemas de los ciudadanos, sobre todo si se trata de colectivos de cierta importancia. La racionalidad económica es producto difícil de vender para los medios de comunicación porque apenas interesa a nadie; resulta mucho más sencillo, y desde luego mucho más eficaz en términos de audiencia, criticar las medidas de racionalización del gasto, sobre todo si se trata de un gasto que afecta a colectivos de jubilados o desempleados, por peligroso que pueda resultar, para el futuro bienestar de esos mismos colectivos, no adoptar las medidas de racionalización. El ejemplo más claro, y ya indicado en el Apartado 2.2.1, es el del denominado «*ticket* regulador» de los servicios médicos. Muchas de las personas que acuden a la consulta médica del Sistema Nacional de Salud no padecen enfermedad alguna que haga necesaria esa consulta; acuden a ella porque la prestación es totalmente gratuita y porque, normalmente, se les prescribirá algún tipo de analgésico. Plantean, eso sí, un problema de envergadura: que reducen el tiempo de consulta que debería ser destinado a los enfermos que, de verdad, necesitan cuidados médicos. Desde hace tiempo, desde el Informe Abril de 1991, un análisis multipartidista de los problemas de la sanidad, se ha venido sugiriendo que, para desalentar a los que no padecen enfermedad alguna, se cobre una cantidad muy pequeña por consulta. La propuesta ha encontrado, siempre, un rechazo social, enormemente potenciado por la postura de los medios de comunicación, para los cuales una medida de ese tipo supondría un ataque frontal a los derechos de los colectivos más desamparados. Esa opinión generalizada no toma en cuenta, en absoluto, el coste de oportunidad —menor atención a los enfermos de importancia— que recae, ya lo hemos dicho, sobre los mismos colectivos.

A todas las fuerzas anteriores hay que sumar, además, la dimensión moral que el recorte del gasto supone para el legislador, una dimensión moral bifronte: cómo evitar que cualquier medida racionalizadora perjudique, sin quererlo, a los más débiles; y cómo poner en tela de juicio derechos adquiridos o en curso de adquisición. Nada hay más difícil que redistribuir con arreglo a equidad porque resulta casi imposible conocer los datos reales, entre otras razones porque se falsean. Existe, pues, un azar moral en cualquier medida encaminada a reducir el gasto. Es posible que, como ya se ha señalado, el fraude en la situación de incapacidad laboral —que da derecho a prestaciones económicas y a asistencia sanitaria— sea elevado; es más, el crecimiento desordenado de ese gasto ya indica que el fraude es elevado. Pero ¿cómo recortarlo sin dañar los derechos de los que verdaderamente necesitan esa atención?; ¿cómo establecer los filtros necesarios para dar satisfacción, de un lado, a los que necesitan la ayuda y evitar, del otro, que las conductas irregulares fructifiquen?

A finales de 1994, y según los cálculos de Redecillas, las provisiones técnicas de las pensiones ya adquiridas oscilaban entre 67,5 billones de pesetas y 53 billones, según la tasa interna de rentabilidad utilizada [16]. Es decir, en un sistema de capitalización, ese sería el monto de las provisiones que responderían de los derechos ya adquiridos. Y a esa cantidad, y para el mismo año, habría que añadir 68,8 billones por los derechos en curso de adquisición, con tasa de rentabilidad interna del 3 por 100. Las provisiones por supuesto, no existen, porque el sistema español es de reparto, pero dan una idea de la dimensión del problema, puesto que lo que sí existe es la expectativa, por parte de los que ya habían adquirido ese derecho y los que iban a adquirirlo, a recibir las rentas correspondientes. Si la economía española no resiste ese esfuerzo de redistribución, o no lo resiste de forma continua, ¿por dónde hay que empezar a recortar las prestaciones: reduciendo o congelando las ya existentes o disminuyendo las nuevas? Disminuir las ya existentes, por cualquiera de las vías usuales, equivale a desposeer a amplios colectivos de un derecho que ya habían adquirido, tras haber cumplido todos los requisitos necesarios, pero disminuir las en curso de adquisición presenta los mismos inconvenientes, amén de dañar, gravemente, la equidad intergeneracional: ¿para qué financiar las pensiones de los que me han precedido, sería la pregunta obligada, si a mí no me reconocerán esos derechos?

El reequilibrio financiero de la red de protección social tendrá que producirse, sin duda, del lado del gasto, pero las medidas correspondientes, como puede advertirse, no serán fáciles de diseñar, aprobar y poner en práctica.

3.6. EL NÚCLEO DURO DEL PROBLEMA: LAS PENSIONES

Las pensiones, tanto de la Seguridad Social como de las clases pasivas, constituyen la clave del problema, por dos razones: por el volumen del gasto correspondiente y por la proyección futura que incorporan. Racionalizar el gasto en

---

[16] *Op. cit.*, Cap. 2 y 3.

atenciones médicas o en servicios sociales puede levantar resistencias sociales, a algunas ya nos hemos referido, pero las medidas correspondientes tendrán, siempre, una repercusión menor que todo lo que afecte a las pensiones porque, al contrario de lo que en éstas sucede, aquéllas no están plasmadas en derechos reconocidos y, en buena medida, cuantificados. Es posible que el conjunto de la sociedad española pueda aceptar, aunque sea a regañadientes, una reducción del gasto sanitario o de las prestaciones sociales; difícilmente lo aceptará en el caso de las pensiones.

Las pensiones de la Seguridad Social pueden ser contributivas y no contributivas. Son contributivas las que, con arreglo a la ley 26/1985, se financian, básicamente, con cotizaciones satisfechas por empresarios y trabajadores, con niveles de prestación directamente relacionados con el monto de esas cotizaciones. Las no contributivas pretenden garantizar un nivel mínimo de subsistencia, bien porque no haya habido cotizaciones previas, bien porque las cotizaciones hayan sido insuficientes. Fueron instauradas por ley 26/1990 y su financiación es, en su mayor parte, presupuestaria. Casi el 98 por 100 de las pensiones son contributivas, según el presupuesto de 1997, y el 2 por 100 restante corresponde a las no contributivas.

Ciñéndonos a las primeras, conviene recordar que el sistema de la Seguridad Social presenta las características siguientes: se trata de un sistema contributivo, de naturaleza pública, se apoya en el procedimiento de reparto, incluye un contrato intergeneracional[17].

Se trata de un sistema contributivo porque se apoya en las cotizaciones de empresarios y trabajadores. Puede alegarse, sobre este punto, que las cotizaciones no están afectadas, que son aportaciones a la Seguridad Social en su conjunto y, si se decidiese asignarlas, en exclusiva, al pago de las pensiones —en la actualidad el monto de las cotizaciones es similar al de las pensiones— el Presupuesto debería financiar el resto de las prestaciones.

El sistema es público porque, de acuerdo con el artículo 50 de la Constitución española, que recoge un principio ya existente desde la ley de Bases de 1963, la organización de las pensiones corresponde al Estado y es el Estado el que gestiona.

No hay mucho que añadir a lo que ya se ha dicho sobre el reparto: son los trabajadores en activo los que, con sus aportaciones, financian las pensiones de los que, por jubilación o cualquier otra circunstancia, tienen derecho a percibirlas. La pensión no sigue al trabajador, dado que las aportaciones no se capitalizan; cada trabajador es titular de un derecho cuya materialización depende del esfuerzo de otros trabajadores. El buen funcionamiento del mecanismo depende, pues, del principio de solidaridad y del cumplimiento de una serie de circunstancias a las que ya se ha hecho mención.

---

[17] DOLORES DIZY: «El sistema de pensiones en España: viabilidad con reforma», *Cuadernos de Información Económica*, Fundación FIES, núm. 115, octubre, 1996.

Funciona, el sistema de pensiones, apoyado en un contrato intergeneracional implícito: los que hoy trabajan financian a los que hoy perciben, con la idea de que ese contrato se mantendrá a lo largo del tiempo y que, al final de la vida laboral, otros trabajadores asegurarán la percepción de los derechos de los que hoy cotizan. Y en ese vínculo intergeneracional radica, a un tiempo, su mayor fortaleza y su mayor debilidad: su mayor fortaleza porque sitúa las pensiones al pairo de determinados riesgos, entre ellos que la inflación devore la capacidad adquisitiva de los fondos de capitalización o que, pese a las normas prudenciales que deben respetar los gestores correspondientes, su mala gestión o su mala fe puedan provocar pérdidas patrimoniales de envergadura: al fin y al cabo, el patrimonio del fondo de pensiones es la suma de las aportaciones y de los rendimientos obtenidos a lo largo de la vida profesional del propietario del fondo; su mayor debilidad, porque la pensión de reparto se devenga y se genera al mismo tiempo, lo que quiere decir, como ya sabemos, que la reducción del número de cotizantes pone en peligro la existencia misma de las pensiones y puede quebrar el vínculo intergeneracional.

Aunque, en los últimos años, han aparecido numerosos trabajos, que intentan evaluar el equilibrio financiero del sistema actual de pensiones, con cálculos distintos, según las hipótesis barajadas, vamos a seguir utilizando las cifras del trabajo de Herce y Pérez Díaz, publicado por el Servicio de Estudios de la Caixa, dado que las cifras de evolución demográfica empleadas proceden de la misma fuente.

Toda previsión de gastos e ingresos del sistema de pensiones requiere establecer dos hipótesis que permitan, a su vez, proyectar el sistema: es necesario dibujar un escenario macroeconómico y anticipar la evolución de los efectivos humanos de ese sistema. Una economía que crece lentamente debilita el mecanismo mucho más que otra que lo haga a ritmo más vivo; el crecimiento de la economía, y su capacidad de generar empleo, pueden modificar notablemente el cuadro de efectivos humanos.

De acuerdo con el estudio mencionado, el escenario macroeconómico español, del período 1995-2025, sería el del Cuadro 3.5.

La proyección supone que, de 1995 al 2000, se completa un ciclo expansivo contractivo y que, después de ese año, el crecimiento del producto se mantiene a un ritmo interanual del 2,5 por 100, en términos reales. Por lo que al empleo se refiere, se calculan los efectos del ciclo mencionado y se considera que, a partir del 2005, crece a una tasa interanual del 1 por 100, lo que, en treinta años, implica un 35 por 100 más del empleo existente en 1995. Una hipótesis que no deja de ser arriesgada, dado que la economía española apenas ha creado empleo neto en los últimos 30 años, pero una hipótesis que se articula sobre dos suposiciones. Primera: que la incapacidad de crear empleo neto es debida a que los puestos de trabajo aparecidos en el sector servicios y en el sector público han sido compensados por los que han desaparecido en el sector agrícola, una compensación que no debe mantenerse hacia el futuro porque la población activa de este sector se aproxima a sus valores razonables. Segunda: que el ritmo de crea-

Cuadro 3.5. Escenario macroeconómico: 1995-2025

	1995	2000	2005	2010	2015	2020	2025
PIB real (1)	3,0	2,0	2,5	2,5	2,5	2,5	2,5
Empleo (1)	1,8	0,5	1,0	1,0	1,0	1,0	1,0
Productividad del trabajo (1)	1,2	1,5	1,5	1,5	1,5	1,5	1,5
Salarios reales (1)	0,5	1,2	1,3	1,3	1,3	1,3	1,3
Tasa de inflación (2)	4,5	3,0	3,0	3,0	3,0	3,0	3,0
Tasa de paro	23,9	24,2	22,0	18,6	14,9	11,4	7,2
Tasa de actividad (3)	59,7	64,0	65,2	66,3	67,5	68,7	70,0

Notas:
(1) Tasa de crecimiento anual, en ese año.
(2) Deflactor del PIB, utilizado tanto para actualizar, en cada caso, prestaciones como cotizaciones.
(3) De la población de 16 o más años, en porcentaje.

Fuente: José Herce y Víctor Pérez Díaz: «La reforma del sistema público de pensiones en España», *Colección Estudios e Informes de la Caixa*, núm. 4, 1995. Cuadro 2.2.

ción de empleo previsto es similar al mostrado por la economía española en sus mejores momentos y claramente alcanzable. Sobre la base de una evolución de la productividad del trabajo, de los salarios reales y de la inflación consistentes con un clima esperado de estabilidad, se anticipa una reducción muy fuerte de la tasa de paro, en términos de encuesta de población activa: desde el 23,9 por 100 de 1995 al 7,2 por 100 del 2025; y un aumento, también muy sustancial, de la tasa de actividad: del 59,7 por 100 de 1995 al 70 por 100 del 2025.

Para que la caída prevista de la tasa de paro no genere tensiones muy fuertes en los precios, resulta necesario que esa reducción entrañe un descenso de la NAIRU (tasa natural de paro o tasa de desempleo no aceleradora de inflación) española, lo que requerirá una amplia reorganización de los mercados de trabajo, en el sentido de hacerlos mucho más flexibles; hipótesis, por otro lado, consistente con la generación de empleo prevista ya que, de no liberalizarse los mercados, la posibilidad de que el crecimiento anticipado de la producción eleve el empleo hasta los niveles fijados, se hace muy remota.

España, ya se ha señalado, presenta una de las tasas de actividad más bajas de la Unión Europea, una tasa de actividad que se eleva constantemente en el período objeto de análisis. Detrás de esa hipótesis se encuentra, por una parte, la liberalización mencionada de los mercados de trabajo y, por la otra, el acceso creciente de la mujer a dichos mercados.

A partir de la evolución macroeconómica prevista, y sobre todo de la evolución del empleo y del paro, el estudio mencionado efectúa una proyección de los efectivos humanos del sistema español de pensiones. Esa proyección tiene en cuenta que, en 1995, el régimen general de la Seguridad Social abarcaba el 70 por 100 de los afiliados y el 52 por 100 de las pensiones, mientras que la suma de regímenes especiales suponía el 30 por 100 de los afiliados y el 48 por 100 de las pensiones. La razón de esa disparidad estriba en que, a lo largo de los años, la acción protectora del sistema ha ido asimilando colectivos muy diversos y con períodos contributivos cortos. (Véase Cuadro 3.6.)

Cuadro 3.6. Efectivos humanos del sistema de pensiones español: 1995-2025 (miles)

	1995	2000	2005	2010	2015	2020	2025
Régimen general							
Afiliados	8.482	9.139	9.606	10.096	10.611	11.152	11.721
Pensiones	3.609	4.302	4.816	5.301	5.753	6.186	6.667
Regímenes especiales							
Afiliados	3.613	3.893	4.091	4.300	4.519	4.750	4.992
Pensiones	3.378	3.426	3.412	3.464	3.589	3.790	4.052
Total sistema							
Afiliados	12.095	13.032	13.697	14.396	15.130	15.902	16.713
Pensiones	6.987	7.727	8.229	8.764	9.342	9.976	10.719
Pro memoria: perceptores de prestaciones de desempleo							
Perceptores	2.191	2.403	2.226	1.890	1.511	1.159	719

Fuente: José Herce y Víctor Pérez Díaz, *op. cit.* Cuadro 2.3.

La proyección toma en cuenta los factores siguientes. En primer lugar, la creación de empleo, según el ritmo plasmado en el Cuadro 3.5.; de acuerdo con esas hipótesis, el número de afiliados pasa de 12.095 en 1995 a 16.713 en 2025, con participación relativa igual en cada uno de los regímenes. En segundo lugar, la evolución del número de pensionistas, según la relación observada, del lado de las altas, entre edad y población y, del lado de las pensiones que permanecen, entre los pensionistas existentes en cada año y sus posibilidades de supervivencia. En tercer lugar, la posible evolución de los dos regímenes: en este caso se considera que el régimen general prevalecerá, en el futuro, sobre los especiales, lo que hace que, al final del período, la proporción haya variado sensiblemente en favor de los afiliados al régimen general.

Nota destacable del cálculo anterior es el descenso de la relación afiliados/pensionistas, que pasa de 1,73 en 1995 a 1,56 en el 2025. Es decir, y pese a anticipar un incremento sustancial de la tasa de actividad, las proyecciones anuncian un debilitamiento del mecanismo, puesto que la base de financiación, los cotizantes, va estrechándose con relación a los que tienen derecho a percibir las prestaciones, evolución muy directamente ligada al envejecimiento de la población española.

Conocida la estimación de los efectivos humanos, el estudio de Herce y Pérez Díaz calcula, en pesetas de 1995, los gastos e ingresos del sistema de pensiones, de acuerdo con los distintos regímenes, con las cotizaciones desembolsadas, los tipos de pensión existentes y el ritmo al que se producen las altas y bajas. Para establecer el resultado del sistema, se entiende que el 80 por 100 de las cotizaciones queda asignado al sistema de pensiones y que el 20 por 100 restante se dedica a financiar el resto de las prestaciones. (Véase cuadro 3.7.)

Las conclusiones que se desprenden del Cuadro 3.7 son simples.

El régimen general, que en 1995 presentaba un superávit del 0,28 por 100 del PIB, se habrá desequilibrado en el año 2000 y ese desequilibrio se irá acentuando hasta suponer, en 2025, el –1,54 por 100 del PIB.

Los regímenes especiales, que parten ya de un desequilibrio del –2,44 por 100 del PIB en 1995, irán corrigiendo ese desequilibrio hasta situarlo, en 2025, en el –1,93 por 100 del PIB.

El conjunto del sistema muestra, sin embargo, un desequilibrio ascendente, desde el –2,16 por 100 en PIB del año 1995 hasta el –3,46 por 100 del PIB del 2025.

Como ya hemos visto, los cálculos anteriores se efectúan sobre la base de considerar que los ingresos se limitan al 80 por 100 de las cotizaciones percibidas. Si las cotizaciones quedaran afectadas al 100 por 100, se partiría de un déficit mucho menor, un –0,30 por 100 del PIB en 1995, para llegar al –1,85 por 100 del PIB en el 2025. El desequilibrio puede parecer, en principio mucho menos gravoso pero, por esa vía, no haremos sino trasladar el problema al resto de las prestaciones de la Seguridad Social porque, en última instancia, lo que de verdad importa es el déficit que genera la red general de protección social, cuya malla más importante la constituyen las pensiones.

Hasta ahora, sin embargo, sólo hemos hecho referencia a las pensiones incluidas en la Seguridad Social pese a que existen otras pensiones: las de los funcionarios civiles y militares, encuadradas en la rúbrica de clases pasivas de los Presupuestos Generales.

El régimen de clases pasivas se aplica a los funcionarios civiles y militares de la Administración del Estado, a los funcionarios de las Cortes Generales y a los de la Administración de Justicia.

La organización del sistema difiere del de la Seguridad Social porque las pensiones de jubilación y retiro de los funcionarios se calculan aplicando al respectivo haber regulador —una cantidad fija que figura, anualmente, en los Presupuestos— un porcentaje que varía de acuerdo con los años de servicio. No existe, además, la pensión de invalidez: cuando alguien queda incapacitado para desempeñar sus funciones, se le añaden, a sus años de servicio, los que le faltan para cumplir 65 años, y la pensión se calcula siguiendo la regla ya descrita. Por tanto no hay sino dos grandes grupos de pensiones: de jubilación, por edad o invalidez permanente, y familiares, por viudedad, orfandad y ascendientes.

Cuadro 3.7. Gastos e Ingresos del sistema de pensiones español: 1995-2025
(Miles de millones de pesetas de 1995)

	1995	2000	2005	2010	2015	2020	2025
Régimen general							
Ingresos afectados (1)	4.433	5.049	5.588	6.149	6.763	7.456	8.203
Gastos	4.240	5.351	6.234	7.167	8.145	9.213	10.489
Balance	192	–302	–646	–1.018	–1.382	–1.757	–2.286
Balance en porcentaje del PIB	0,28	–0,38	–0,71	–0,99	–1,19	–1,34	–1,54
Regímenes especiales							
Ingresos afectados (1)	750	855	944	1.034	1.132	1.244	1.362
Gastos	2.446	2.642	2.793	3.034	3.354	3.745	4.230
Balance	–1.696	–1.787	–1.849	–1.999	–2.221	–2.502	–2.867
Balance en porcentaje del PIB	–2,44	–2,23	–2,04	–1,95	–1,91	–1,90	–1,93
Total sistema de la Seguridad Social							
Ingresos afectados (1)	5.183	5.904	6.532	7.183	7.895	8.700	9.565
Gastos	6.687	7.994	9.027	10.200	11.498	12.959	14.718
Balance	–1.504	–2.090	–2.495	–3.017	–3.603	–4.259	–5.153
Balance en porcentaje del PIB	–2,16	–2,60	–2,75	–2,94	–3,10	–3,24	–3,46
Pro memoria: Balance del Instituto Nacional de Empleo en porcentaje del PIB							
Balance del Instituto Nacional de Empleo	–2,16	–2,20	–1,70	–1,00	–0,31	0,27	0,90

(1) Se consigna el 80 por 100 de las cotizaciones totales recibidas por la Seguridad Social. El 20 por 100 restante se estima afecto a la financiación de las prestaciones sanitarias y otras prestaciones universales.

Fuente: JOSÉ HERCE y VÍCTOR PÉREZ DÍAZ, *op. cit.* Cuadro 2.4.

La única cotización cuya cuantía se conoce es la retención que se le practica al funcionario, un 3,86 por 100 del haber regulador. El resto corre de cuenta del Estado, quien no se practica, a sí mismo, retención alguna.

No se conoce, hasta el momento, estimación alguna del flujo de pensiones futuras y el único cálculo que nos ofrece una cierta idea del problema es la estimación de provisiones de los derechos en curso de adquisición de Antonio Redecillas. Se parte, en este caso, del número de funcionarios acogidos, en 1994, a las clases pasivas; de su edad media en ese año; de las pensiones de jubilación y familiares que, probabilísticamente, han de devengarse; y del flujo de retenciones, sobre haber regulador, que, normalmente, ha de producirse. Con esos datos, y aplicando un tipo de interés real del 3 por 100, las provisiones necesarias para hacer frente a los derechos pasivos, al término de 1994, supondrían 7,24 billones de pesetas: 14,99 billones, valor actual de las pensiones, menos 7,75 billones, valor actual de las cotizaciones [18]. Sin duda, pues, la existencia de tales compromisos incrementará el desequilibrio anticipado en el sistema de la Seguridad Social.

Pero ni siquiera la suma de las pensiones a que han de hacer frente la Seguridad Social y el Presupuesto General del Estado, este último a través de las clases pasivas, nos dan una imagen completa del problema, porque no todos los pensionistas están acogidos a uno de los dos sistemas o a los dos a la vez. Hay funcionarios civiles cuyas pensiones dependen de Comunidades Autónomas o de Entidades Locales y que han de estar incorporados a los presupuestos correspondientes; lo cual significa que, hacia el futuro, los desequilibrios estimados deberán, probablemente, ser corregidos al alza.

3.7. EL SEGUNDO NÚCLEO DEL PROBLEMA: EL GASTO SANITARIO

Frente a una asistencia sanitaria fragmentada, de cobertura no universal y financiada por cuotas, el Sistema Nacional de Salud, que se inicia con la Ley General de Sanidad de 1986, pretende reorganizar las distintas redes públicas para cumplir tres objetivos: universalizar el derecho a la protección de la salud, modificar la financiación para no hacerla depender de las cuotas y transferir la gestión a los gobiernos autonómicos [19].

Buena parte de esos objetivos se han cumplido, transcurridos diez años desde que se formularon.

Salvo casos excepcionales, la cobertura sanitaria abarca todas las situaciones que provocan la pérdida de salud, con independencia de las causas que la

[18] Antonio Redecillas, *op. cit.*, Cap. 5.

[19] Ministerio de Sanidad y Consumo: «Descripción y estado de situación del Sistema Nacional de Salud», Madrid, 1997. Apartado 1. Recuérdese que no todo el gasto sanitario está incluido en el Sistema Nacional de Salud.

originaron; más aún, la protección se extiende a todo el territorio español sin que se tenga en cuenta la residencia habitual del ciudadano; en la actualidad (datos de 1995), el 98,5 por 100 de la población española queda amparado por el sistema, bien por afiliación a la Seguridad Social, bien por derecho reconocido a través de normas especiales[20].

En el Cuadro 3.8 puede observarse el cambio operado en las fuentes de financiación: en 1986, el 75 por 100 aproximado de la financiación total procedía de las cuotas, con aportación presupuestaria inferior al 25 por 100; en 1997 será el presupuesto del Estado el que aporte casi el 92 por 100 de la financiación total, con cuotas que representarán menos del 6 por 100 de la misma.

A mediados de 1997 la asistencia sanitaria ha sido ya transferida a siete comunidades autónomas: Andalucía, Canarias, Cataluña, Galicia, Navarra, País Vasco y Comunidad Valenciana. En conjunto, un 61 por 100 de la población protegida por el Sistema Nacional de Salud[21].

La viabilidad del Sistema queda, sin embargo, puesta en entredicho por una doble tendencia: el rápido crecimiento del gasto sanitario público y el aumento desenfrenado del gasto farmacéutico.

El Cuadro 3.9 da cuenta de la evolución comparada del gasto sanitario total y público en los países de la Unión Europea. De acuerdo con esos datos, la sanidad pública española absorbe un 7,6 por 100 del PIB y se encuentra en la zona intermedia que separa a los países de mayor porcentaje, con Francia, Alemania y Austria a la cabeza, y a los de menor, de los que Grecia y Luxemburgo resultan ser los más significativos. Una situación, por otro lado, que se acomoda razonablemente bien a la condición general de la economía española.

Como también puede advertirse en dicho cuadro, el gasto sanitario público es menor que el gasto total, un 5,9 por 100 del PIB en 1995, pero ambos han experimentado un sustancial crecimiento a lo largo de los veinticinco años analizados, sustancial crecimiento que deriva, sin duda, de varias causas.

La primera de ellas es demográfica: la población española envejece porque su ritmo de crecimiento es muy lento y porque la esperanza de vida se alarga. Como ya se ha visto en el Cuadro 3.4 apenas crece ya y comenzará a declinar a partir del 2015; como también se ha señalado ya, la esperanza de vida de hombres y mujeres se ha doblado con creces a lo largo del presente siglo, situándose, a comienzos de la década actual, en 73,3 años para los primeros y 80,5 años para las segundas. En suma, la población española envejece, porque el número de nacimientos es muy bajo, y envejece progresivamente, al aumentar la esperanza de vida: en la actualidad el porcentaje de población de 65 años o más supone algo más del 15 por 100 del total, como muestra el cuadro citado, pero, en el 2010, superará el 17,5 por 100 y en el 2025 se situará por encima del 21 por 100. Y esa evolución demográfica presupone un aumento del gasto sanitario

---

20 *Ibidem*, pág. 8.

21 *Ibidem*, pág. 13.

Cuadro 3.8. Fuentes de Financiación (porcentajes sobre total de cada año, 1986-1997)

	1986	1987	1988	1989	1990	1991	1992	1993	1994	1995	1996	1997
(1)	23,77	24,72	25,15	70,07	68,77	67,80	69,04	68,75	70,23	77,28	82,82	91,85
(2)	74,27	69,93	69,60	27,22	27,21	27,22	27,22	27,96	27,12	20,43	15,11	5,98
(3)	0,00	0,00	0,00	2,04	2,67	2,48	2,47	2,16	1,65	1,92	1,76	1,93
(4)	0,00	0,00	0,00	0,67	0,47	0,32	0,32	0,25	0,15	0,13	0,10	0,03
(5)	0,00	0,00	0,00	0,00	0,88	0,77	0,68	0,61	0,57	0,00	0,00	0,00
(6)	0,00	0,00	0,00	0,00	0,00	0,28	0,28	0,27	0,28	0,24	0,21	0,21
(7)	0,00	0,00	0,00	0,00	0,00	1,13	0,00	0,00	0,00	0,00	0,00	0,00
(8)	1,96	1,64	1,41									
(9)	0,00	4,32	3,83									
Total	100	100	100	100	100	100	100	100	100	100	100	100

Fuentes de financiación:
(1) Aportaciones del Estado;
(2) Aportaciones cotizaciones sociales;
(3) Servicios prestados a terceros;
(4) Aportación Estado programas especiales;
(5) Amortizaciones;
(6) Ingreso Fondo Sanitario;
(7) Remanentes tesorería;
(8) Otros ingresos;
(9) Transferencias Inem compensación cuotas.

Ministerio de Sanidad y Consumo: «Descripción y estado de situación del sistema Nacional de Salud», Madrid, 1997. Tabla 1.

Cuadro 3.9. Gasto Sanitario (% del PIB) en países de la Unión Europea

Países		1970	1980	1985	1990	1994	1995
Alemania	**TOTAL**	5,9	8,4	8,7	8,3	9,5	9,6
	PÚBLICO	4,1	6,3	6,4	6,0	7,0	7,1
Austria	**TOTAL**	5,4	7,9	8,1	8,4	9,7	9,6
	PÚBLICO	3,4	5,4	5,4	5,6	6,2	6,1
Bélgica	**TOTAL**	4,1	6,6	7,4	7,6	8,2	8,0
	PÚBLICO	3,6	5,5	6,1	6,8	7,2	7,0
Dinamarca	**TOTAL**	6,1	6,8	6,3	6,5	6,6	6,5
	PÚBLICO	5,3	5,8	5,3	5,4	5,5	5,4
España	**TOTAL**	**3,7**	**5,7**	**5,7**	**6,9**	**7,3**	**7,6**
	PÚBLICO	**2,4**	**4,6**	**4,6**	**5,4**	**5,7**	**5,9**
Finlandia	**TOTAL**	5,7	6,5	7,3	8,0	8,3	8,2
	PÚBLICO	4,2	5,1	5,7	6,5	6,2	6,2
Francia	**TOTAL**	5,8	7,6	8,5	8,9	9,7	9,9
	PÚBLICO	4,3	6,0	6,5	6,6	7,6	7,8
Grecia	**TOTAL**	4,0	3,6	4,1	4,3	5,2	5,2
	PÚBLICO	2,1	3,0	3,3	3,6	4,4	4,4
Holanda	**TOTAL**	5,9	7,9	7,9	8,4	8,8	8,8
	PÚBLICO	5,0	5,9	5,9	6,1	6,8	6,8
Irlanda	**TOTAL**	5,3	8,7	7,8	6,7	7,9	7,9
	PÚBLICO	4,3	7,2	6,0	5,0	6,0	6,0
Italia	**TOTAL**	5,2	6,9	7,0	8,1	8,3	7,7
	PÚBLICO	4,5	5,5	5,4	6,3	5,9	5,4
Luxemburgo	**TOTAL**	3,8	6,2	6,1	6,2	5,8	5,8
	PÚBLICO	3,5	5,8	5,4	6,1	5,7	5,7
Portugal	**TOTAL**	2,8	5,8	6,3	6,6	7,6	7,6
	PÚBLICO	1,7	3,7	3,4	3,6	4,2	4,3
Reino Unido	**TOTAL**	4,5	5,6	5,9	6,0	6,9	6,9
	PÚBLICO	3,9	5,0	5,1	5,1	5,8	5,8
Suecia	**TOTAL**	7,1	9,4	8,9	8,6	7,7	7,7
	PÚBLICO	6,1	8,7	8,0	7,7	6,4	6,4

Fuente: Ministerio de Sanidad y Consumo: Descripción y estado de situación... Tablas 14 y 16.

porque ese segmento de población es el que absorbe la mayor proporción de gasto; en los momentos presentes, un 40 por 100 del total.

El coste de los servicios sanitarios tiende a crecer de manera progresiva porque, en buena medida, son intensivos en trabajo y porque la tecnología cambia aceleradamente. En el caso de los servicios no transferidos, el gasto de personal viene a representar un 50 por 100 del gasto total[22], lo que significa que el freno del gasto difícilmente puede provenir de aumentos de la productividad; tanto el equipo capital como los medicamentos experimentan una muy rápida obsolescencia y suelen ser reemplazados, en ambos casos, por tecnologías más costosas.

Si exceptuamos los casos del País Vasco y de Navarra, el mecanismo actual de asistencia descentralizada, basado en transferencias del Presupuesto del Estado, difícilmente puede contener el gasto; al contrario, tiende a dilatarlo de forma continuada porque cada Comunidad autónoma procurará ofrecer los mejores servicios posibles y a hacer recaer los costes adicionales sobre el Presupuesto del Estado. En la medida en que los servicios sanitarios mejoren, lo que, por lo general, supondrá mayores costes, los ciudadanos residentes en esa autonomía se sentirán más protegidos por su gobierno, el autonómico, y lo reflejarán con su voto en las correspondientes elecciones; en la medida en que el gasto exceda a las transferencias recibidas, que se determinan por un complejo sistema de coeficientes, el correspondiente gobierno autonómico recabará, del gobierno central, los recursos adicionales que les permitan saldar sus cuentas. La asimetría del mecanismo se traducirá, por lo general, en un continuo incremento de los gastos.

Pese a las múltiples críticas que los ciudadanos vierten sobre la atención sanitaria, que van desde las dificultades para obtener los servicios de especialistas hasta el tiempo de espera en los hospitales públicos, la gratuidad de los servicios produce una dilatación artificial de la demanda y, por definición, del gasto. Es cierto que la atención sanitaria requiere una contribución de los ciudadanos, incluida en las cuotas de la Seguridad Social, aunque esas contribuciones supongan una proporción mínima del gasto total; pero también es cierto que no hay un precio por los servicios que se prestan (copago), lo que termina por generar una demanda artificial de un producto, la atención sanitaria, que encabeza la lista de preferencias de cualquier ciudadano occidental. Ante cualquier rumor social, o ante el más ligero síntoma personal, el ciudadano medio recabará todos los servicios posibles del sistema asistencial porque no tendrá que hacer frente a coste alguno.

Finalmente, el gasto sanitario se ve también impulsado por la evolución del más singular de sus componentes: el gasto farmacéutico.

En el Cuadro 3.10 figura lo ocurrido con el gasto farmacéutico en el período 1986-1995: el consumo de productos farmacéuticos creció a una tasa acumula-

[22] *Ibidem*, pág. 102.

Cuadro 3.10. Consumo y gasto farmacéutico de la Seguridad Social (1986/95)

AÑOS	CONSUMO A PVP (millones de ptas.)	% ANUAL	GASTO PÚBLICO (millones de ptas.)	% ANUAL
1986	249.388	6,4	214.095	7,6
1987	295.153	18,4	256.493	19,8
1988	347.514	20,7	303.458	21,8
1989	409.246	17,8	360.951	18,9
1990	472.019	15,3	420.071	16,2
1991	549.364	15,9	491.616	16,6
1992	627.011	14,6	564.995	15,3
1993	673.767	7,5	609.398	7,9
1994	714.396	6,0	643.701(*)	5,6
1995	800.677	12,1	717.972(*)	11,5
Tasa acumulativa del período		**13,5%**		**14,1%**

(*) Las cifras reflejan el gasto público neto: se han deducido ya los descuentos efectuados por las farmacias y las aportaciones de los usuarios.

Fuente: Ministerio de Sanidad y Consumo: Descripción y estado de situación... Tabla 17.

tiva anual del 13,5 por 100, medida por el precio de venta al público, y el gasto farmacéutico público al 14,1 por 100 acumulativo anual.

Como es bien sabido, los medicamentos los prescriben los médicos del sistema sanitario, los dispensan las oficinas de farmacia que colaboran, en régimen de concierto, con los servicios públicos de salud y requieren un pago parcial de los asegurados no exentos. Todos los factores de dilatación del gasto están presentes en el mecanismo.

Los médicos que prescriben los medicamentos no tienen frenos adecuados para comprimir el gasto farmacéutico, pese a las normas dictadas sobre utilización de genéricos, y sí reciben múltiples impulsos para recetar masivamente, desde la presión que ejercen los propios laboratorios farmacéuticos hasta las exigencias de los usuarios, que unas veces recuerdan que ya se les está tratando con ese medicamento y que, en muchos casos, valoran la atención sanitaria a través del coste de los medicamentos prescritos.

Tampoco las oficinas de farmacia tienen interés alguno en frenar un gasto que constituye su fuente primera de ingresos y mucho menos cuando se les ha recortado su margen para tratar de contener el gasto (marzo, 1997). Recuérdese, además, que, en el sistema español, lo que se receta es la totalidad del medicamento, tal y como se comercializa —al contrario de lo que ocurre, por ejemplo, en el Reino Unido, en donde se prescribe tan solo la cantidad de medicamento que, según el médico prescriptor, requiere la dolencia tratada.

El usuario abona, por lo general, el 40 por 100 del precio de los medicamentos, salvo en una serie de ellos, destinados a enfermedades crónicas, y para los cuales se abona el 10 por 100 del precio con un tope de 439 pesetas revisable anualmente. Existen, sin embargo, una serie de colectivos que están exentos de pago alguno: pensionistas, minusválidos, inválidos, los afectados por el síndrome tóxico y los que sufren un accidente de trabajo. Los usuarios de la Mutualidad de Funcionarios abonan el 30 por 100 del precio, tanto si se encuentran en activo como si son pensionistas[23]. La baja participación del usuario es, de por sí, un factor de crecimiento del gasto —la aportación es una de las más bajas de la Unión Europea— pero la diferenciación por situación personal es, además, un gran estimulador del fraude, como lo prueba, en términos globales, un dato revelador: de 1986 a 1995, el número total de recetas aumentó un 20,5 por 100, con un incremento del 50,2 por 100 de las recetas de pensionistas y una reducción del 12,8 por 100 de las recetas de activos[24]. Sin duda, la proporción creciente de pensionistas, a lo largo de ese período, ha debido dar lugar a un aumento del número de recetas e incluso puede aceptarse que, por razones varias, los cuidados médicos y las correspondientes prescripciones farmacéuticas hayan aumentado en ese colectivo. No es, sin embargo, razonable suponer que el crecimiento de los efectivos de ese grupo, estimado en un 30 por 100 para el período[25], haya inducido un aumento del 50,2 por 100 en el número de recetas; y menos razonable aún sería aceptar que los asegurados en activo hayan gozado, en ese lapso, de tan excelente salud que el número de recetas haya descendido en un 12,8 por 100. Lo más lógico es pensar que han proliferado los comportamientos fraudulentos. ¿Cómo? Utilizando las recetas de pensionistas para obtener medicamentos destinados a pacientes en activo[26].

Téngase en cuenta que la información sobre el paciente se hace constar en la receta de forma manual, lo que hace difícil la mecanización de los datos y el posterior análisis informático; de ahí que los perfiles de cualquier paciente

[23] Ministerio de Sanidad y Consumo: Descripción y estado de situación... pág. 21.
[24] *Ibidem*, pág. 108.
[25] INE: Anuario Estadístico 1987, y Ministerio de Trabajo y Asuntos Sociales: Anuario de Estadísticas Laborales y de Asuntos Sociales, 1995.
[26] Sobre el fraude en la prestación farmacéutica véase el Capítulo IV.6 del ya citado «Informe sobre el fraude en España».

resulten borrosos y borrosa, por tanto, la veracidad de la prestación farmacéutica[27].

En suma, el gasto sanitario público, que hoy descansa casi por completo en el Presupuesto del Estado, avanza sin que se anuncien, con cierta claridad, cuáles han de ser las medidas capaces de contenerlo. Medidas, por otro lado, difíciles de adoptar porque, por mucho que se afine la gestión de los servicios sanitarios, por mucho que se actúe sobre la oferta, poco podrá conseguirse si no se introducen elementos que actúen sobre la demanda, que la frenen. Y no hay más que un factor que pueda limitar la demanda de prestaciones sanitarias y de su componente más dinámico, el gasto farmacéutico: el precio. Sólo si se disminuye la gratuidad de los servicios y se encarece la utilización de medicamentos, corrigiendo además la diferenciación entre activos y pensionistas, se obtendrán resultados apreciables. Hay que admitir, sin embargo, que la solución encierra un cúmulo de conflictos políticos que la hacen muy difícil de llevar a la práctica. Las reformas iniciadas en otros países de la Unión Europea, y los parcos resultados que se han obtenido, así lo demuestran[28].

3.8. EL TERCER NÚCLEO DEL PROBLEMA: EL DESEMPLEO

Como hemos puesto de relieve, en reiteradas ocasiones, el tratamiento del desempleo escapa al marco jurídico de la Seguridad Social, dado que el organismo competente es el Instituto Nacional de Empleo (Inem), pero su cobertura forma parte de la red de protección social, en sentido amplio, y el desequilibrio que genera es parte del déficit global.

En términos generales, el desempleo está limitado a los trabajadores por cuenta ajena que pierden su trabajo de forma involuntaria. Para tener derecho a prestación es necesario haber cotizado a la Seguridad Social —existe cotización específica de desempleo— durante un período mínimo de 360 días y dentro de los seis años anteriores a la situación de desempleo. La prestación depende del período de cotización computable, con un máximo del 220 por 100 del salario mínimo interprofesional (SMI) y un mínimo que es el propio SMI, con algunos ajustes al alza. Existe, así mismo, una protección complementaria, del 75 por 100 del SMI, que corresponde a parados con cargas familiares que, habiendo terminado el período de prestación, no hayan recibido, durante el mes

[27] Respecto de la situación actual de las recetas farmacéuticas y de las posibles soluciones para contener el fraude, véanse las págs. 78 a 85 del «Anteproyecto de Dictamen de la Subcomisión parlamentaria para el estudio de las medidas necesarias para la consolidación y modernización del Sistema Nacional de Salud, junio 1997».

[28] Véase el anexo al documento del Ministerio de Sanidad y Consumo: Descripción y estado de situación...

siguiente, una oferta de colocación adecuada. Ese complemento se recibe durante seis meses y es prorrogable por otros tres.

Además de esa fórmula de protección contributiva —empresas y trabajadores efectúan aportaciones destinadas a cubrir ese riesgo— existe otro nivel de protección, de carácter asistencial y que, en consecuencia, no requiere de contribuciones previas. Comprende el subsidio de desempleo y una serie de prestaciones asistenciales[29].

Nuestro país soporta, como es sabido, la tasa de desempleo más alta de la Unión Europea, y, sin que sea posible ponderar en qué medida la cobertura del desempleo contribuye a crearlo y mantenerlo, no pueden desconocerse los rasgos que esa cobertura presenta en España[30].

En primer lugar, y siempre con relación a los países de la Unión Europea, España es el país en el que la cotización empresarial por desempleo resulta más elevada en relación a la del trabajador.

En segundo lugar, el período mínimo de prestación contributiva se encuentra entre los más largos de la UE.

En tercer lugar, la cobertura es de las más elevadas, junto con las de Holanda, Bélgica, Alemania y Francia.

En cuarto lugar, la duración de la cobertura se sitúa, también, entre las más amplias de la UE.

En quinto lugar, y junto a Gran Bretaña, Dinamarca y Alemania, España es el país que controla con menos rigor las prestaciones por desempleo.

La tercera, cuarta y quinta de las características apuntadas suelen producir un doble efecto: de un lado estimulan la pérdida de empleo, sobre todo de aquéllos cuyas retribuciones no se sitúan muy por encima de la percepción de desempleo; por otro lado, desestimulan la búsqueda de un nuevo empleo y producen un alargamiento del período de prestación; en 1994, el 56 por 100 de los desempleados llevaban más de un año en paro[31].

Buena prueba de ese juego estímulo-desestímulo es, por una parte, el distinto efecto que la posición cíclica ejerce sobre el nivel de desempleo: en la fase de alta del ciclo, la economía española genera menos empleo del que destruye en las recesiones[32]. Cierto es que la relación que liga crecimiento y empleo no es unívoca porque hay factores que deben tomarse en consideración, factores

---

[29] Para mayores precisiones, véase el Cap. XIII del Memento Práctico (Social 1997) de Ediciones Francis Lefebvre, actualizado al 12/3/97.

[30] Fundación BBV: Pensiones y prestaciones por desempleo, estudio dirigido por José Barea y José Manuel González-Páramo, Madrid, 1996. Págs. 90-92.

[31] Bover; Arellano, y Bentolila: «Duración del desempleo en España: efectos de la duración de las prestaciones y del ciclo económico», *Boletín Económico de BE*, noviembre 1995. Para Blanchard y Jimeno («Structural Unemployment: Spain versus Portugal», *American Economic Review*, mayo 1995) una de las claves de la alta tasa de desempleo en España radica en la persistencia; es decir, en la larga duración del desempleo que se deriva del nivel de cobertura.

[32] Véase Julio Alcaide: «La dimensión y los problemas del empleo en España», *Cuadernos de Información Económica de la Fundación FIES*, enero 1997.

tales como el contenido factorial del producto, el ritmo de innovación tecnológica o la elasticidad de sustitución capital-trabajo: si la producción crece porque crecen los sectores densos en tecnología, el efecto sobre el nivel de empleo será leve; si el ritmo de innovación tecnológica es elevado, porque la competencia internacional así lo impone, la capacidad de generación de empleo será muy limitada, sobre todo en los segmentos menos cualificados de la población en edad de trabajar; si la elasticidad de sustitución capital-trabajo es alta, y rígidos los mercados laborales, los crecimientos del producto apenas afectarán al nivel de empleo porque los empresarios preferirán invertir en máquinas que aumentar las plantillas. Pero parece también cierto que la cobertura de desempleo ejerce su influencia en el resultado final porque, cuanto mayor sea la prestación por desempleo y más largo el período de percepción, menor será la tasa de salida del desempleo, aunque, por efecto del ciclo, aumente la probabilidad de recibir una oferta de trabajo: al mejorar las posibilidades de empleo, aumenta el salario de reserva del desempleado —el salario mínimo por el que está dispuesto a trabajar— y disminuye la probabilidad de que acepte las ofertas[33].

Cuadro 3.11. Gasto en prestaciones por desempleo

	GASTO	Tasa de variación %	Gasto en % del PIB
1985	774,6	–	2,8
1986	831,6	7,4	2,6
1987	904,4	8,8	2,5
1988	978,5	8,2	2,4
1989	1.102,1	12,6	2,5
1990	1.292,4	17,3	2,6
1991	1.614,2	24,9	2,9
1992	1.887,8	16,9	3,2
1993	2.137,9	13,2	3,5
1994	2.026,5	–5,2	3,1
1995	1.682,5	–17,0	2,4
1996	1.568,5	–6,7	2,1

Fuente: PILAR GARCÍA y M.ª JESÚS MARTÍN: «Situación actual de las prestaciones por desempleo en España», *Papeles de Economía Española*, núm. 69, 1996. Cuadro núm. 1. El dato de 1996 ha sido facilitado por el Banco de España.

La evolución de las prestaciones por desempleo, que se recoge en el Cuadro 3.11, permite efectuar una serie de consideraciones. Primera consideración: se trata de un problema grave puesto que, aún sin cobertura plena (la tasa de

[33] La evidencia empírica figura en el trabajo, ya citado, de BOVER; ARELLANO, y BENTOLILA.

cobertura bruta, o relación entre beneficiarios y paro registrado, es de un 55 por 100 en 1996)[34], el gasto absorbe de 2 a 3 puntos del PIB. Segunda consideración: en porcentaje del producto total, el desempleo supone, en dicho período, un 75 por 100 aproximado de la inversión pública, dato que pone de relieve la defectuosa asignación de recursos de nuestra economía. Tercera consideración: por las razones anteriores, es de desear que las políticas activas de empleo que, en términos medios, vienen a significar menos del 20 por 100 del gasto del Inem, vayan acentuándose con objeto de lograr un doble propósito: disminuir el desempleo y reducir su carga financiera.

[34] Véase Cuadro III.17 de la «Síntesis de indicadores económicos» de junio 1997.

4

La debilidad exterior

4.1. LA IMPORTANCIA DE LAS TRANSACCIONES EXTERIORES

Las transacciones económicas entre residentes de distintos países inciden, siempre, sobre la evolución de sus economías. Si una empresa española (residente en España) exporta tubos de acero a una empresa alemana (residente en Alemania) la producción, la renta, el empleo y los recursos financieros exteriores de la economía española aumentarán: habrá que producir los tubos para venderlos a la empresa alemana, lo que impulsará el producto total de la economía, es decir el Producto Interior Bruto; será preciso remunerar a los factores productivos que se han empleado en fabricar los tubos, lo que significa también un incremento de la remuneración total de factores, es decir de la Renta Nacional; probablemente esa producción adicional requerirá la utilización de nueva mano de obra, lo que dará lugar a un aumento del nivel de empleo global; los marcos que la empresa alemana haya pagado por los tubos aumentarán el fondo de divisas de la economía española, sus reservas exteriores, o, dicho de otra forma, los activos financieros frente al exterior. Si una empresa española adquiere material óptico de una empresa alemana los efectos anteriores se producirán en la economía alemana, al tiempo que la española dispondrá, de un lado, de más recursos reales —el material óptico— para el consumo o la inversión y habrá visto disminuir las reservas exteriores, puesto que el pago a la empresa alemana se efectuará en marcos.

Si, en época de vacaciones, parte de los ciudadanos residentes en Francia vienen a España de visita turística, se alojan en hoteles, acuden a restaurantes, utilizan medios de transporte españoles y, en general, adquieren una serie de bienes y servicios para uso propio, la producción, la renta, el empleo y los activos exteriores de la economía española se verán impulsados. La situación contraria se producirá si varias empresas españolas transportan mercancías a buques de pabellón extranjero, dado que será el país del pabellón correspondiente el que verá estimulada su actividad económica, al tiempo que se reducen las reservas exteriores de España.

Si, desde un organismo de la Unión Europea, se financia, por medio de una transferencia, la construcción de un tramo de carretera en España, la economía española habrá recibido un beneficio, en forma de mejora de su infraestructura de comunicaciones que, además, no requiere de contrapartida: las transferencias, son por definición, intercambios de valor sin reciprocidad. Si el Gobierno español efectúa una donación de medicinas a un gobierno africano, ese gobierno podrá mejorar su situación sanitaria sin necesidad de gastar sus recursos en importar tales productos; la economía española, por su parte, dispondrá de menos recursos públicos.

Si un fondo de inversión norteamericano (residente en Estados Unidos) adquiere acciones de empresas españolas, el valor de capitalización de esas empresas probablemente se elevará y sus canales de financiación mejorarán, si bien deberá retribuir los títulos con parte de sus beneficios. Si una empresa española se instala en Chile, la capacidad productiva, la renta y el empleo de Chile aumentarán, aunque lo normal es que la empresa matriz repatríe, con frecuencia, parte de los beneficios obtenidos por su filial chilena, lo que supondrá una salida de divisas de Chile hacia España y, de nuevo, un aumento de los activos exteriores de la economía española.

Los ejemplos anteriores son representativos de las transacciones que pueden efectuarse entre residentes y no residentes, y de los efectos primeros que esas transacciones producen; unas transacciones que, en general, comprenden operaciones sobre bienes, servicios y rentas, transferencias de valor y modificación de activos y pasivos financieros frente a no residentes.

El conjunto de esas operaciones, referido a un período de tiempo determinado, constituye la balanza de pagos de un país y su confección se guía por una serie de reglas aceptadas por los países miembros del Fondo Monetario Internacional: para definir las unidades de una economía se utiliza el criterio de residencia; la contabilidad sigue el método de partida doble; la balanza debe adaptarse, sin frecuencia previsible, a los cambios experimentados por la economía mundial.

Los agentes económicos, cuyas transacciones se registran en la balanza, son los residentes en el país considerado, sea cual sea su nacionalidad, y esa condición de residente toma en consideración el lugar en que se sitúa su centro de interés económico: los agentes, sean personas físicas o jurídicas, tienen su centro de interés económico en un país si existe algún lugar en ese país —vivienda, unidad productiva, establecimiento de cualquier tipo— desde el cual realizan, y tienen intención de seguir realizando, transacciones económicas significativas. Un japonés que instala una tienda en España para vender aquí productos japoneses, tiene su centro de interés en España y es, a los efectos de balanza de pagos, un residente, aunque viaje con frecuencia a Japón y conserve su nacionalidad de origen. Una empresa española que se instala en Venezuela, para operar desde territorio venezolano, es un no residente, desde el punto de vista de balanza de pagos, sin que se tome en consideración la nacionalidad.

Por definición, las transacciones que se incorporan a la balanza de pagos se anotan mediante dos asientos de valor igual, uno de ellos en la columna de ingresos y otro en la de pagos. Como se advierte en el recuadro que sigue, la exportación de tubos de acero desde la empresa española a la alemana se anotará, pues, dos veces: el valor de lo exportado aparecerá en los ingresos por exportación, de un lado, y en la variación de la reserva de divisas, en la columna de pagos, si la operación se abona al contado; si la empresa española concede un crédito a dos años a la alemana, la anotación en la columna de pagos corresponderá a la rúbrica «Otra inversión» (variación de activos).

Por consiguiente, la suma de las dos columnas de la balanza registrará un valor igual y la suma de todos los saldos será igual a cero. Dado que la actual

Exportación de tubos de empresa española a empresa alemana (100 millones de ptas.)

	Ingresos	Pagos	Saldos	Ingresos	Pagos	Saldos
	(Pago al contado)			(Pago aplazado)		
Cuenta corriente						
Mercancías	100 mill.		100 mill.	100 mill.		100 mill.
Servicios						
Rentas						
Transferencias corrientes						
Cuenta de capital						
Cuenta financiera	**VP**	**VA**	**VP-VA**	**VP**	**VA**	**VP-VA**
Inversiones						
Otra inversión					100 mill.	
Reservas		100 mill.	–100 mill.			100 mill.
Errores y omisiones						

balanza de pagos, confeccionada según las reglas del Quinto Manual de Balanza de Pagos del FMI (1993), incluye la cuenta corriente, la de capital y la financiera, el resultado final será, en saldos:

Cuenta corriente + Cuenta de capital + Cuenta financiera = 0

o, lo que es igual:

Cuenta corriente = – (Cuenta de capital + Cuenta financiera).

La anterior anotación refleja la condición básica de las cuentas exteriores: que los saldos de las operaciones registradas en la cuenta corriente han de ser iguales, aunque con distinto signo, a los obtenidos en las otras dos cuentas; o, lo que reviste mayor importancia, que las cuentas de cada lado de esa igualdad financian a las del otro lado. Para financiar un déficit de cuenta corriente es preciso lograr un superávit en la suma de las otras dos cuentas, una entrada de capital; un superávit corriente dará lugar a una salida de capitales a través de la cuenta de capital, de la cuenta financiera o de las dos a un tiempo.

La igualdad contable no suele darse en la práctica porque las transacciones no pueden anotarse individualmente. Para confeccionar la balanza se hace uso de fuentes distintas —las dos principales son, en España, el Departamento de Aduanas de la Agencia Estatal de Administración Tributaria y el Banco de España—, que proporcionan datos o estimaciones agregadas y que muy difícilmente pueden casarse. De ahí que, para cerrar la balanza, en términos contables, haya que añadir una partida de «Errores y omisiones», en la columna que proceda, partida que recoge las deficiencias estadísticas.

Las balanzas de pagos confeccionadas desde el año 1993, de acuerdo con el Quinto Manual del FMI, presentan algunas diferencias respecto de las anteriores, las derivadas del Cuarto Manual de 1977. La cuenta corriente ofrece más detalles de las operaciones que engloba, a través de sus diferentes rúbricas; se ha desglosado una cuenta de capital que incluye las transferencias de capital y la adquisición/enajenación de activos no financieros no producidos; la cuenta financiera incorpora todas las transacciones que implican traspaso de propiedad de activos y pasivos financieros frente al resto del mundo, sin que se efectúe distinción alguna entre el largo y el corto plazo. Las modificaciones permiten, de un lado, armonizar la balanza de pagos con las cuentas nacionales y, del otro, procuran adaptar los registros a un mundo económico que se caracteriza por la existencia de mercados abiertos y libertad total de movimientos de capital.

4.2. LA NUEVA BALANZA DE PAGOS

En el Cuadro 4.1 figura, en presentación sintética, la Balanza española para los años 1995 y 1996, confeccionada de acuerdo con el Quinto Manual del FMI.

Como ya hemos señalado, las rúbricas engloban, en esta nueva presentación, las transacciones siguientes:

La *cuenta corriente* abarca los cuatro grupos de operaciones que constituyen sus epígrafes y que comprenden las compras y ventas de bienes, las compras y ventas de servicios, los ingresos y pagos por rentas de trabajo e inversión y las transferencias corrientes, es decir las operaciones sin contrapartida que modifican la renta disponible. La exportación de un vehículo a Francia o la importación de una lavadora de Alemania se anotarán en el primer epígrafe. Los bienes y servicios que los turistas extranjeros adquieren en España o los turistas españoles en los países que visitan, los servicios de transporte, los seguros o los alquileres de películas se incluirán en el segundo epígrafe. En el tercero figurarán, de un lado, los ingresos que los trabajadores españoles obtienen cuando, de forma temporal, trabajan fuera de nuestras fronteras o los pagos que, por el mismo concepto, hay que realizar a los trabajadores extranjeros; por otro lado aparecerán los dividendos y los intereses que los activos exteriores españoles generan y los producidos por los pasivos exteriores. Las remesas de emigrantes, pero sobre todo las contribuciones españolas al Presupuesto comunitario y los pagos recibidos de ese Presupuesto, aparecerán en el cuarto de los epígrafes.

La *cuenta de capital* incluye dos tipos de transacciones. Por una parte las transferencias de capital: operaciones sin contrapartida, por definición, que no modifican la renta disponible: por ejemplo, los recursos procedentes de fondos estructurales de la Unión Europea y utilizados para construir, en España, una carretera. Por otro lado, las adquisiciones o enajenaciones de activos no financieros no producidos; por ejemplo, la compra de una patente.

La *cuenta financiera* incluye diferentes tipos de operaciones sobre activos financieros. Las inversiones directas suponen una cierta presencia del capital en la empresa, puesto que la retribución se espera por la vía de los dividendos. Las inversiones de cartera, bien sea en acciones, bonos, pagarés o derivados son operaciones a la búsqueda de plusvalías. Existen otras inversiones, en forma de créditos comerciales de proveedor, de préstamos en sus muy diversas formas o de depósitos en instituciones financieras. En las reservas se anota la variación de activos exteriores, controlados por la autoridad monetaria, y de los que puede disponer inmediatamente para financiar desequilibrios de balanza de pagos o para regular la magnitud de esos desequilibraos. En esa cuenta financiera, las entradas de capital (variación de pasivos) o las salidas de capital (variación de activos) figuran en términos netos: por ejemplo, el valor de la inversión de una empresa española en el extranjero menos la desinversión que, en ese mismo año, haya podido realizar.

Los *errores* y *omisiones* constituyen la partida de cierre de la Balanza de Pagos; es decir el valor de todas aquellas operaciones no registradas, por razones múltiples, y que, de haberlo sido, hubieran permitido que la suma de todos los saldos fuese igual a cero. Es una partida que tiende a registrar valores altos,

Cuadro 4.1. Balanza de Pagos 1995 y 1996: principales conceptos. Datos anuales. (Miles de millones)

	1995			1996		
	Ingresos	**Pagos**	**Saldo**	**Ingresos**	**Pagos**	**Saldo**
Cuenta corriente	**19 544,7**	**19 404,4**	**140,3**	**21 761,3**	**21 537,6**	**223,7**
Mercancías	11 344,7	15 539,2	–2 194,5	12 935,8	14 822,1	–1 886,3
Servicios	4 983,6	2 759,1	2 224,5	5 623,7	3 085,9	2 537,9
Turismos y viajes	3 165,9	556,4	2 609,5	3 503,7	622,8	2 880,8
Otros servicios	1 817,7	2 202,7	–385,0	2 120,1	2 463,1	–343,0
Rentas	1 702,6	2 185,4	–482,8	1 787,9	2 539,8	–751,9
Trabajo	19,7	20,1	0,4	22,3	25,1	–2,8
Inversión	1 682,9	2 165,3	–482,4	1 765,7	2 514,7	–749,1
Transferencias corrientes	1 513,9	920,7	593,2	1 413,8	1 089,9	324,0
Cuenta de capital	**849,7**	**69,6**	**780,0**	**883,8**	**77,1**	**806,7**

Cuadro 4.1. Balanza de Pagos 1995 y 1996: principales conceptos. Datos anuales. (*Continuación*)

	Variación de pasivos	Variación de activos	VP - VA	Variación de pasivos	Variación de activos	VP - VA
Cuenta financiera (a)	**4.195,4**	**4.351,7**	**–156,3**	**3.377,9**	**3.957,5**	**–579,5**
Inversiones de España en el exterior	–	519,8	–519,8	–	1.064,0	–1.064,0
Directas	–	447,9	–447,9	–	586,5	–586,5
Cartera	–	71,9	–71,9	–	477,5	–477,5
Inversiones del exterior en España	3.347,7	–	3.347,7	1.125,0	–	1.125,0
Excluidos valores negociables	764,7	–	764,7	811,4	–	811,4
Valores negociables	2.583,0	–	2.583,0	313,6	–	313,6
Otra inversión	847,8	4.687,1	–3.830,3	2.252,9	–178,2	2.431,2
Sistema crediticio (b)	516,8	3.372,2	–2.855,4	2.421,6	–1.243,3	3.665,0
Administraciones públicas	243,1	51,5	191,6	–37,5	86,3	–123,8
Otros sectores residentes	87,9	1.254,4	–1.166,5	–131,3	978,8	–1.110,1
Reservas	–	–846,2	846,2	–	3.071,7	–3.071,7
Errores y omisiones (c)	**–**	**–**	**–764,0**	**–**	**–**	**–450,8**

(a) Desde la óptica del residente. Un signo positivo en la columna de variación de pasivos supone un aumento de los pasivos frente a no residentes, y un signo negativo, una disminución. Un signo positivo en la columna de variación de activos supone un aumento de los activos frente a no residentes, y un signo negativo, una disminución.

(b) Excluidas reservas. Los depósitos a la vista en moneda extranjera del sistema crediticio están contabilizados por neto (variación de activos menos variación de pasivos) en la rúbrica de variación de activos; los depósitos a la vista en pesetas del sistema crediticio están contabilizados por neto (variación de pasivos menos variación de activos) en la rúbrica de variación de pasivos.

(c) Un signo positivo es un ingreso, y un signo negativo es un pago.

Fuente: Banco de España: Balanza de Pagos de España, 1996. Cuadro IV, 1.1.

tanto en España como en países del área OCDE, porque la liberalización de las transacciones hace difícil identificar las operaciones.

El Quinto Manual ha pretendido, de un lado, que las transacciones que figuran en Balanza de Pagos queden vinculadas a las Cuentas Nacionales y, del otro, que las Balanzas de Pagos se adapten a los cambios experimentados por la economía mundial, cambios que giran alrededor de tres ejes básicos: los mercados están mucho más abiertos; el capital se mueve con extremada rapidez y facilidad porque los controles de cambios han desaparecido en toda el área OCDE y en muchos de los países emergentes; las transacciones en mercancías y servicios son, en la actualidad, mucho menos importantes que las operaciones sobre activos financieros, operaciones en las que ya no es fácil distinguir entre el corto y el largo plazo, porque la gran expansión de los mercados secundarios ha emborronado los límites: ¿qué sentido tiene clasificar la adquisición, por un no residente, de un bono del Tesoro español, a diez años, como inversión a largo plazo si, cuando lo desee, puede venderlo y deshacer la operación?

La Balanza de Pagos española, que aplica las recomendaciones del FMI, pretende seguir siendo un esquema contable cerrado, en el que todos los obligados a declarar, sean personas físicas o jurídicas, informen sobre los dos extremos de la transacción, pero la fiabilidad de los datos está, en la actualidad, llena de lagunas, por toda una serie de razones.

En primer lugar, las Aduanas han desaparecido entre países de la Unión Europea, de la que España forma parte; lo que significa que, en el comercio intracomunitario, las operaciones ya no figuran en el DUA (Documento Unificado Administrativo), sino que contabilizan a través del sistema Intrastat; en virtud de ese sistema, las personas, físicas o jurídicas, deben proporcionar información estadística sobre las operaciones en las que intervengan y deben hacerlo, bien a la expedición de la mercancía o bien a su llegada a destino. Pero, independientemente de las omisiones que puedan producirse, el propio sistema enumera una serie de exclusiones y limitaciones que merman la representatividad estadística de esas declaraciones.

En segundo lugar, al desaparecer el control de cambios ha desaparecido el registro básico de las transacciones de servicios, lo que hace mucho más difícil su singularización. Un problema que, además, se complica enormemente por la nacionalización de muchos servicios: de forma progresiva, las empresas abren filiales o sucursales en los países en donde venden sus servicios, lo que da lugar a que la operación quede transmutada en transacción entre residentes. La transacción internacional, la que posteriormente se registra en Balanza de Pagos, no será una venta de servicios, sino, por ejemplo, un pago por concepto de dividendos entre una filial y su matriz.

En tercer lugar, y pese a la amplitud de las obligaciones de declaración, que afectan a todo residente que formaliza una transacción con un no residente, y a la colaboración requerida de todas las entidades financieras, la complejidad organizativa de la empresa actual, y la libertad de movimientos de capital, hacen muy difícil identificar todas las operaciones. Existen, por ejemplo, operaciones que se liquidan a través de instituciones de crédito no residentes, puesto que no existe impedimento alguno para que los residentes en España mantengan cuentas en el exterior. Existen, también, operaciones de compensación entre residentes y no residentes que no dan lugar a liquidación alguna. Las empresas pertenecientes a un mismo grupo mantienen, en muchas ocasiones, una cuenta interempresa, no bancaria, a través de la cual compensan sus operaciones. En muchos casos, una filial, situada en un paraíso fiscal, gestiona la tesorería de todo el grupo, lo que complica, extraordinariamente, la contabilización de las operaciones [1].

Las anteriores consideraciones subrayan la dificultad de contabilizar adecuadamente las operaciones, pero no es ése el único problema que plantean las cuentas exteriores españolas. Existe un problema de significado que debilita el análisis de esas cuentas y que exige, por tanto, gran cautela a la hora de extraer conclusiones. En la cuenta financiera aparecen no sólo contrapartidas contables de operaciones registradas en la cuenta corriente y en la de capital, sino múltiples operaciones sobre activos financieros, que vienen desencadenadas por la búsqueda continua de combinaciones adecuadas de rentabilidad-riesgo de los grandes operadores internacionales y por las diferencias de trato fiscal entre unos y otros países. El ejemplo más claro de ese tipo de operaciones, en el caso español, viene dado por las compras y ventas de deuda pública efectuadas por no residentes y, generalmente, financiadas por el sistema crediticio español; es decir, el no residente adquiere la deuda, casi siempre de forma temporal (repo), con un crédito de entidad residente y, poco tiempo después, la vende y deshace, en el mismo momento, la operación crediticia. Dentro de esas compras y ventas masivas se incluyen, también, las operaciones de lavado de cupón: dado que sobre los intereses de la deuda existe, en España, una retención del 25 por 100, obligación fiscal que no se da en otros países, muchos tenedores de deuda española la venden a un no residente, al acercarse el momento de cobro del cupón —deben hacerlo con más de un mes de anticipación— y se recompran los títulos más tarde.

Todas esas transacciones, de gran volumen, suponen movimientos en la cuenta financiera, pero su extremada volatilidad les resta significado en tanto que partidas financiadoras de la cuenta corriente. En suma, la intercomunicación de las economías, nuestra pertenencia a la Unión Europea y la libertad de movimientos de capital hacen que los datos que la Balanza de Pagos facilita hayan de ser examinados con óptica distinta a la tradicional, datos que, sin embargo, siguen siendo de extremada importancia para valorar la situación global de un país y, sobre todo, las reacciones de los mercados a las políticas económicas aplicadas. [2]

---

[1] Sobre este punto véanse las notas metodológicas que figuran en «Balanza de Pagos de España 1993» y, especialmente, el trabajo de M.ª REMEDIOS MORALES: «La estimación de las transacciones de bienes y servicios en la Balanza de Pagos» ICE, núm. 752, abril, 1996.

[2] Un análisis más detallado de esos puntos figura en «La nueva Balanza de Pagos: una necesaria y difícil adaptación al fenómeno de la globalización», de EDUARDO RODRÍGUEZ TENÉS y ANA SÁNCHEZ TRUJILLO, *Papeles de Economía Española*, núm. 66, 1996.

4.3. EL SIGNIFICADO MACROECONÓMICO DE LA CUENTA CORRIENTE

Las transacciones registradas en la cuenta corriente se engarzan en el funcionamiento global de la economía de forma muy sencilla.

Si partimos de la identidad básica de una economía abierta:

$$PIB \equiv C + I + X - M \qquad (I)$$

En donde:

PIB = Producto Interior Bruto o valor de la corriente de bienes y servicios finales generada *dentro* de las fronteras de un país durante un año.

C = Consumo total de bienes y servicios.
I = Inversión total.
X = Exportación de bienes y servicios.
M = Importación de bienes y servicios.

podemos transformar (1) en

$$PIB + R \equiv C + I + X - M + R$$
$$PNB \equiv C + I + X - M + R \qquad (II)$$

siendo R = Saldo de la cuenta de rentas, puesto que, al sumar el saldo neto de esa cuenta de rentas, el Producto Interior Bruto se transforma en Producto Nacional Bruto, es decir en el valor de la corriente de bienes y servicios finales generada *por los residentes* durante un año, dentro o fuera del país.

A partir de (II) podemos llegar a:

$$PNB + T \equiv C + I + X - M + R + T \qquad (III)$$

en donde T = Saldo neto de transferencias corrientes
o bien

$$RNB \equiv C + I + X - M + R + T \qquad (IV)$$

puesto que la suma de las transferencias netas habrá hecho que el Producto Nacional Bruto (PNB) se convierta en la Renta Nacional Bruta (RNB).
Operando en (IV), obtendremos:

$$RNB - C \equiv I + X - M + R + T$$
$$S \equiv I + Sc/c$$
$$Sc/c \equiv S - I \qquad (V)$$

El saldo de la cuenta corriente (*Sc/c*) es, por tanto, igual a la diferencia entre el ahorro y la inversión totales de la economía.

En suma, una cuenta corriente positiva ($Sc/c > 0$) indica que el ahorro nacional es suficiente para financiar la inversión nacional; una cuenta corriente negativa ($Sc/c < 0$) muestra que el ahorro nacional es insuficiente para financiar la inversión.

4.4. CAPACIDAD O NECESIDAD DE FINANCIACIÓN

El saldo de la cuenta corriente no revela el préstamo que una economía efectúa al resto del mundo o el que requiere del resto del mundo; para singularizarlo es preciso añadir el saldo de la cuenta de capital: una economía en la que el ahorro supere a la inversión puede utilizar ese excedente transfiriendo capital por medio de donaciones a otros países; una economía necesitada de ahorro para financiar su inversión, puede obtenerlo por medio de las operaciones registradas en la cuenta de capital.

Un saldo positivo de esas dos cuentas (corriente más capital) equivale a una salida de capitales registrada a través de la cuenta financiera. Esa salida de capitales, o préstamo al resto del mundo, se producirá a través de inversiones en el exterior, concesión de préstamos o aumento de la reserva de divisas y supondrá un incremento de los activos exteriores de la economía, unos activos exteriores que producirán ingresos anuales —dividendos de las inversiones, intereses de los préstamos, beneficios generados por las divisas— que se contabilizarán en la balanza de rentas de la cuenta corriente, como rentas de inversión, y que reforzarán dicha cuenta corriente.

Un saldo negativo de las cuentas mencionadas (corriente más capital) equivale a una entrada de capitales, contabilizada, también, en la cuenta financiera. Lo que habrá ocurrido, en este caso, es que o bien aumentarán los pasivos exteriores del país, porque la inversión extranjera haya aumentado o lo hayan hecho los préstamos exteriores; o bien disminuirán los activos exteriores por reducción de la reserva de divisas. Tales variaciones acarrearán, en términos de flujos anuales, pagos al exterior, por dividendos e intereses, o menores ingresos de una reserva de divisas disminuida. La cuenta corriente del país quedará, de esa forma, debilitada.

En suma, pues, la Balanza de Pagos es la puerta que comunica la economía de un país, de sus residentes, con el resto de las economías y la que nos muestra en qué medida el país vive de acuerdo con sus recursos o, por el contrario, si cede parte de los mismos a otras economías o ha de recibir, del resto del mundo, parte del ahorro que necesita. En ambos casos, recursos excesivos o recursos insuficientes, los saldos de las cuentas mencionadas irán modificando la posición financiera del país frente al resto del mundo, sus activos o pasivos exteriores: el préstamo al resto del mundo aumentará los activos, el préstamo del resto del mundo incrementará los pasivos.

4.5. EL COMPORTAMIENTO DE LA ECONOMÍA ESPAÑOLA

El Gráfico 4.l muestra, para el período 1980-1996, lo ocurrido con el saldo de esas dos cuentas de la economía española, en porcentaje del Producto Interior Bruto.

Como puede advertirse, el saldo es negativo en once años, nulo en un año y positivo en cinco años. Es negativo en el período recesivo 1980-1983 y en el ciclo expansivo-recesivo 1988-1994, con valles profundos en los cambios de posición cíclica; es nulo en 1987, en pleno auge; los saldos positivos corresponden a los años de salida de la crisis de los años ochenta (1984-1986) y a los dos últimos años consignados, caracterizados, así mismo, por el inicio de la recuperación.

En suma, las cifras anteriores no hacen sino reflejar una característica de la Balanza de Pagos española: la tendencia al desequilibrio de la cuenta corriente, desequilibrio que, de no compensarse a través de la cuenta de capital, requiere apelar a la financiación procedente del resto del mundo.

En 1994, el Banco de España interrumpió la publicación de la serie de deuda exterior de la economía española; un concepto —el de deuda exterior— ligado al control de cambios y, en consecuencia, escasamente representativo de una economía con libertad total de movimientos de capital y plenamente integrada en los mercados financieros internacionales. En su lugar, el Fondo Monetario Internacional ofrece el cuadro de «posición de inversión internacional» o balance de las tenencias de activos y pasivos financieros frente al exterior, un balance que se cierra con la «posición de inversión internacional neta» o diferencia entre las dos tenencias. El cuadro, expresado en términos de *stocks* al final de cada año, permite valorar la situación financiera de la economía española frente al resto del mundo.

Como señala el propio FMI, la posición de inversión internacional nos permite analizar la evolución de una economía en relación con el resto del mundo, si bien la posición neta no se corresponde con el concepto de deuda exterior, término éste que englobaría sólo los pasivos distintos a las participaciones de capital. Con todo, los datos reflejan la diferencia creciente entre pasivos y activos, obligada consecuencia de la necesidad de financiación reflejada en el Gráfico 4.1. Dado que la exegibilidad de las partidas integrantes del pasivo varía, ni la liquidez ni la solvencia exterior de la economía española son fácilmente deducibles de los datos, pero lo que no puede ignorarse es el significado último de los mismos: que la cobertura de pasivos por activos va disminuyendo a lo largo del período y debilitando la situación exterior de la economía. Si utilizamos como indicador de situación exterior la relación entre posición neta exterior y PIB, observaremos, a través del Gráfico 4.2, que España presenta claras diferencias, en su contra, frente a varios de los paises más desarrollados y que, desde ese punto de vista, se halla a medio camino entre el primer mundo y el tercero.

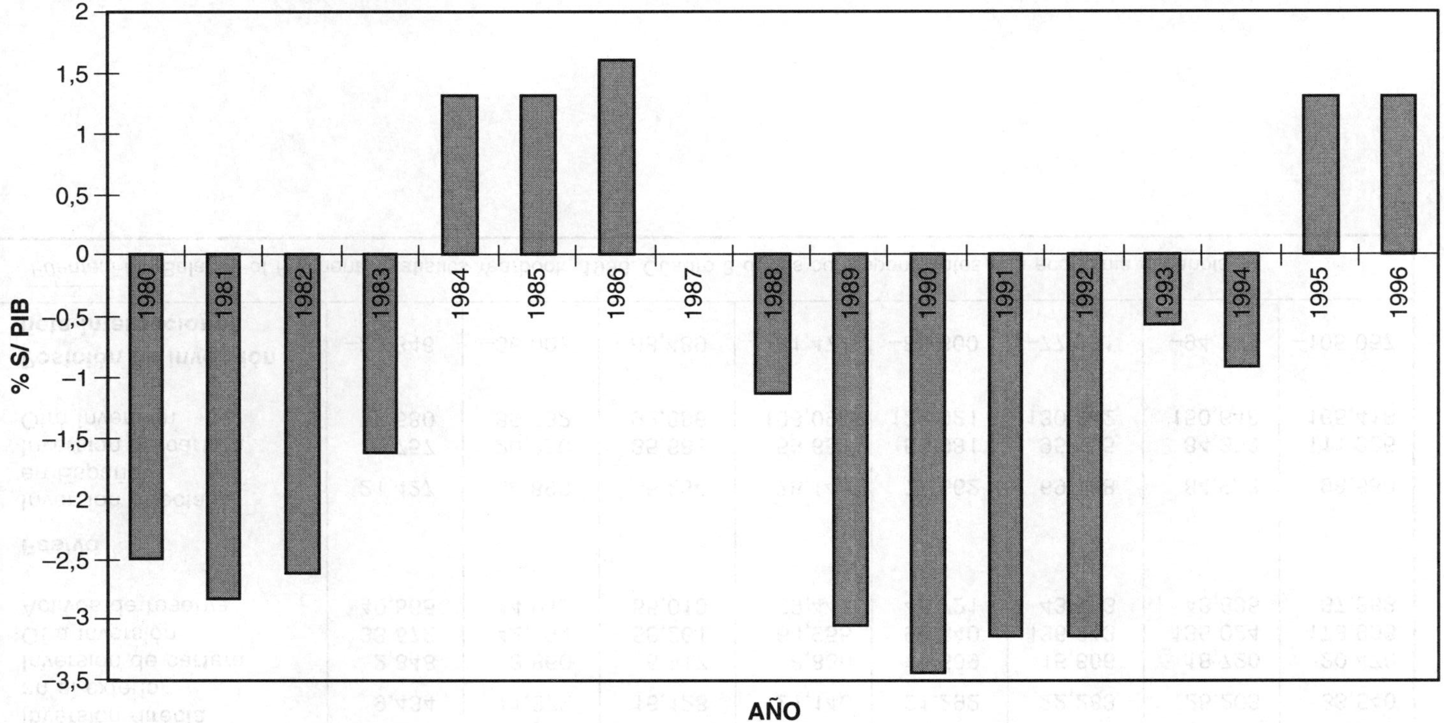

Fuente: Banco de España.

Gráfico 4.1. Capacidad (+) o necesidad (–) de financiación de la economía española (en % S/PIB).

Cuadro 4.2. España: posición de inversión neta internacional (millones de $ al final de cada año)

	1988	1989	1990	1991	1992	1993	1994	1995
Activo								
Inversión directa en el exterior	9,434	11,372	16,128	21,140	21,292	22,283	28,203	33,540
Inversión de cartera	2,848	3,860	5,917	8,880	10,509	15,806	18,720	20,470
Otra inversión	33,572	42,794	58,261	64,955	90,340	136,243	135,024	178,903
Activos de reserva	40,565	44,942	55,010	69,447	48,721	43,103	43,835	37,363
Pasivo								
Inversión directa en España	21,427	28,893	65,234	78,146	77,662	69,788	84,923	98,580
Inversión de cartera	10,757	20,350	35,683	59,651	56,981	95,335	84,359	111,335
Otra inversión	77,580	89,732	92,886	108,096	122,021	130,242	150,648	165,418
Posición de inversión neta internacional	−23,346	−36,007	−58,489	−81,471	−85,800	−77,931	−94,148	−105,057

Fuente: FMI: Balance of Payments Statistics Yearbook, 1996. Cuadro 3 de los correspondientes a la economía española.

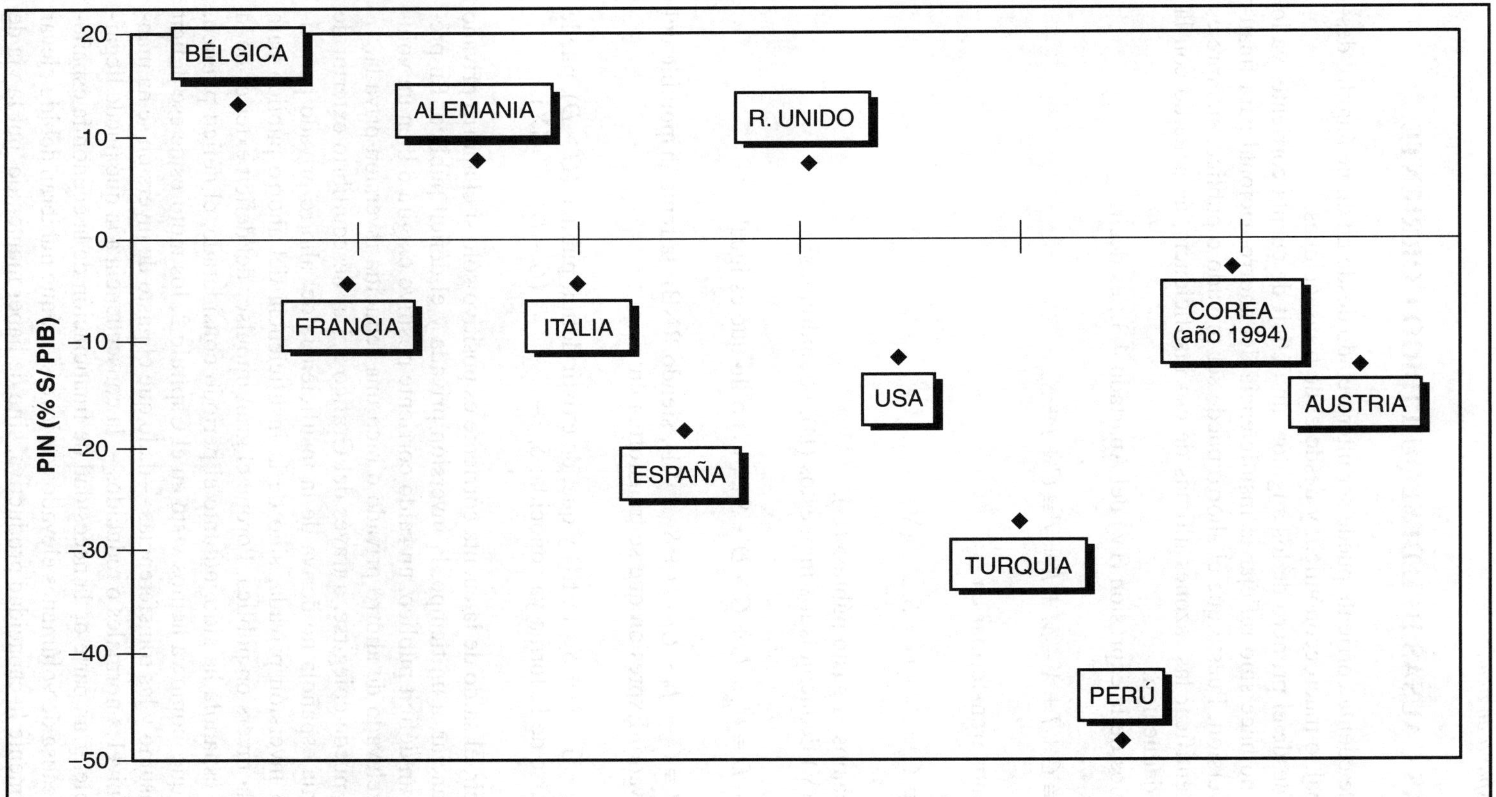

Fuente: IIF (International Institute of Finance) y FMI: Balance of Payments Yearbook, 1996.

Gráfico 4.2. Posición internacional neta, año 1995 (en % S/ PIB).

4.6. LAS CAUSAS DEL DESEQUILIBRIO CORRIENTE

El saldo de cuenta corriente puede ser interpretado desde un doble ángulo: desde el global, o macroeconómico, y desde el de transacciones.

Visto desde el primero de los ángulos, un déficit de cuenta corriente, ya lo sabemos, no hace sino reflejar la insuficiencia del ahorro nacional para financiar la inversión. Puesto que el ahorro puede ser privado o público, siempre es posible identificar las razones últimas de esa insuficiencia, de acuerdo con la siguiente deducción:

Partamos de la expresión (IV) del Apartado 4.3.; es decir:

$$\text{RNB} \equiv C + I + X - M + R + T \equiv C + I + S_{c/c}$$

que podemos transformar en

$$\text{RNB} \equiv C_p + I_P + G + S_{c/c} \qquad \text{(V)}$$

si desglosamos el gasto público (G).

Si en (V) deducimos los impuestos (D), obtendremos:

$\text{RNB} - D \equiv C_p + I_P + G - D + S_{c/c}$ (VI) o, lo que es igual,

$\text{RNBP} \equiv C_p + I_P + G - D + S_{c/c}$ (VII), siendo RNBP la renta disponible del sector privado. Expresión que se transforma en:

$S_p \equiv I_p + G - D + S_{c/c}$ (VIII) y que, de existir déficit público ($G > D$), puede representarse de la forma ya conocida: $S_{c/c} \equiv S_p - I_p - (G - D)$ (IX).

Es decir, el saldo de la cuenta corriente es positivo sólo si el ahorro privado puede financiar, a un tiempo, la inversión privada y el déficit público. En presencia de un déficit público, un saldo corriente positivo exigirá o bien un volumen muy elevado de ahorro privado o bien una reducida inversión privada.

Como puede colegirse, a través del Gráfico 2.3 el desequilibrio exterior de la economía española no deriva de la insuficiencia del ahorro privado para financiar la inversión privada, sino de la insuficiencia del ahorro público para financiar la inversión pública. Porque el gran impulsor del déficit exterior de la economía española ha sido, durante el período considerado, el déficit público. Y, puesto que, como ya hemos visto en el Capítulo 2, los motores de ese déficit son el consumo y las transferencias —dado que el gasto de inversión se ha mantenido en niveles normales o reducidos— la consecuencia a la que puede llegarse es simple: gran parte de la necesidad de financiación de la economía española no trae causa de volúmenes elevados de inversión, que hubieran debido elevar sustancialmente la capacidad productiva, sino de haber mantenido, por la vía de la acción pública, niveles de vida superiores a los que los recursos productivos permitían. O, dicho de otra forma, nuestro déficit exterior no ha servido para invertir más, sino para consumir más.

Visto desde la óptica de las transacciones, el déficit corriente es resultado del desequilibrio de alguna de las grandes rúbricas que integran la cuenta y puesto que, en la balanza de pagos española, los saldos de servicios y transferencias corrientes resultan siempre positivos, el desequilibrio exterior sólo puede producirse por el saldo de mercancías o el de rentas. Un análisis somero de las cifras pondrá, inmediatamente, de manifiesto que el principal culpable del desequilibrio exterior es la balanza de mercancías, tradicionalmente deficitaria, y que, para el período estudiado, arroja siempre saldos negativos.

El desequilibrio comercial, como puede verse en el Gráfico 4.3, se produce en todos los años y tiende a acentuarse a partir del momento en que la incorporación a la CEE (1986) va reduciendo la protección exterior, hasta eliminarla completamente respecto de los socios comunitarios y reducirla sustancialmente frente a terceros países (1992). Recuérdese, además, que, como resultado de la libre circulación de mercancías y de la desaparición de las aduanas, el registro del comercio de mercancías en el territorio comunitario se hace mucho más difícil, lo que implica que, probablemente, el desequilibrio registrado en 1993-1996 sea inferior al real.

Si el déficit exterior se produce como resultado del desequilibrio comercial, la pregunta obligada es por qué se produce tal desfase comercial. Y puesto que el déficit comercial supone que el valor de lo importado es superior al valor de lo exportado, cualquier análisis de ese desequilibrio remite al comportamiento de esos dos flujos.

En una economía de tamaño medio, desarrollada y abierta, como la española, las importaciones suponen un porcentaje significativo del producto total y son procíclicas. Suponen un porcentaje significativo porque las demandas tienden a diferenciarse conforme la renta aumenta y porque el comercio intraindustrial —importaciones y exportaciones de productos similares— y la deslocalización productiva aceleran las importaciones. En 1996, el porcentaje de importaciones FOB sobre producto total fue del 17 por 100, porcentaje que todavía se encuentra por debajo del que presentan economías comunitarias más abiertas como Bélgica u Holanda. Son procíclicas porque la elasticidad-renta de la demanda de importaciones suele ser elevada, lo que hace que los crecimientos rápidos de la renta se traduzcan en aumentos aún más rápidos de la importación. La elasticidad-renta a largo plazo de la importación española no energética es 2,10, lo que explica la condición procíclica ya mencionada[3].

Aunque la apertura de la economía española es reciente, puesto que antes de la adhesión a la Comunidad Europea aún mantenía expedientes protectores

---

[3] E. Fuentes Quintana y J. Alcaide Inchausti: «Expansión de la economía española en 1995: los seis factores condicionantes», Fundación FIES, *Cuadernos de Información Económica* núms. 92-93, 1994.

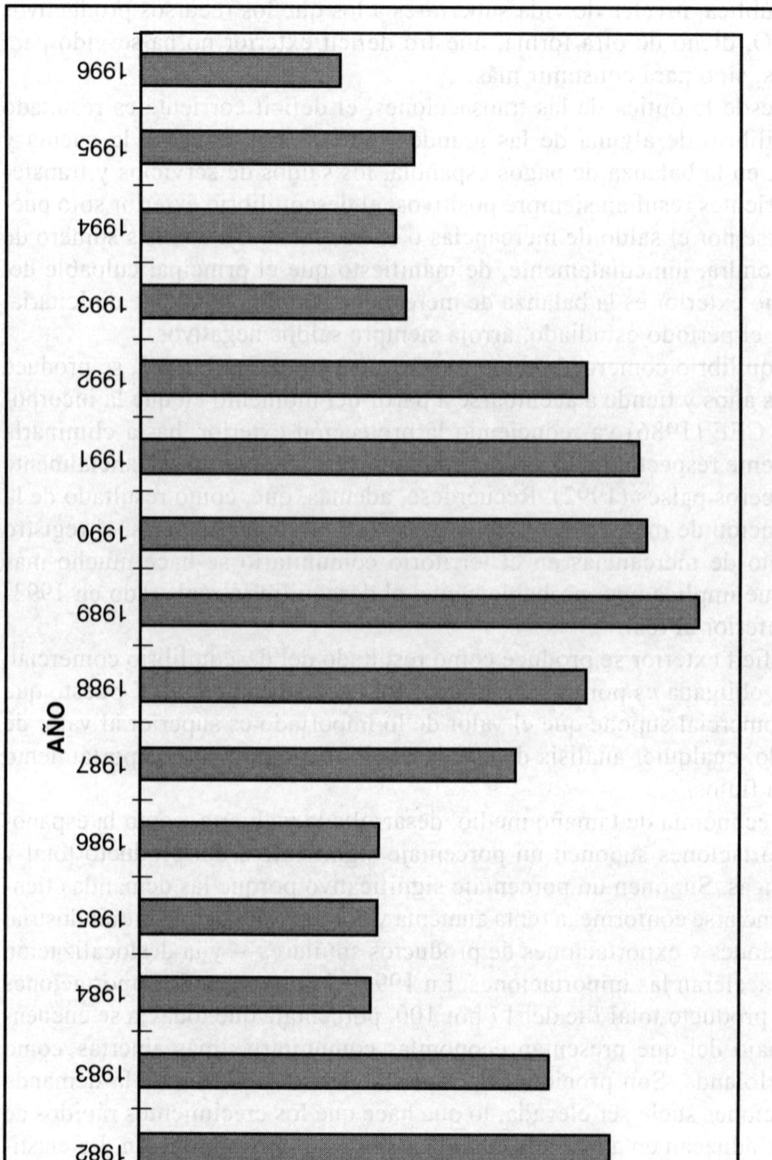

Fuente: Ministerio de Industria, Comercio y Turismo (hasta 1984) y Banco de España (desde 1985).

Gráfico 4.3. Saldo comercial de la Balanza de Pagos (en % S/ PIB)

múltiples, los compromisos ya contraídos hacen impensable que la importación pueda frenarse; antes bien, todo hace suponer que avanzamos hacia un mundo todavía más abierto y que, por tanto, las importaciones seguirán mostrando las pautas señaladas: la transformación del aparato productivo y la variedad de la demanda de consumo, de un lado, y el ritmo de crecimiento, del otro, seguirán impulsándolas. Si, por tanto, las importaciones parecen responder a la evolución productiva del país y a la desaparición de las barreras protectoras, el estudio del desequilibrio comercial debe concentrarse en la exportación y responder a una cuestión muy simple: ¿por qué no crece más la exportación española?

4.7. LA EXPORTACIÓN ESPAÑOLA: LOS FRENOS PRESENTES

Exportar supone, por definición, una actividad compleja que requiere mantener la competitividad-precio, adaptar la oferta exportable a la demanda mundial y contar con una organización productiva capaz de engarzarse en los mercados internacionales. Si esas condiciones no se cumplen, será muy difícil alcanzar ritmos de crecimiento de la exportación sostenidos, porque la presencia en los mercados exteriores será esporádica: los mercados se ganarán y perderán sucesivamente.

De ahí que las claves del comportamiento de la exportación deban buscarse en el comportamiento de los precios de exportación, en la composición de la oferta exportable y en las características generales de la empresa española.

Aunque la competitividad, es decir la capacidad para ganar y defender mercados, es la resultante de múltiples variables, los precios, o mejor dicho su evolución, constituyen un factor de especial relevancia: si los precios españoles aumentan más que los precios de los demás oferentes, en los mercados internacionales, la demanda tenderá a desplazarse hacia los productos con mejor competitividad-precio por importantes que puedan ser los gustos, la tradición, las redes de distribución o los servicios posventa. Ahora bien, la evolución de los precios dependerá, de forma general, de la inflación experimentada por la economía española y del tipo de cambio entre la peseta y la moneda de cada mercado. Con inflación diferencial, es decir más alta que la del país al que vaya dirigida la exportación, la competitividad se erosiona, pero se erosionará aún más si la peseta se aprecia con relación a la moneda correspondiente porque, entonces, el aumento de precio en la moneda de ese país será todavía mayor.

Una de las medidas más utilizadas, para medir la competitividad-precio, es el tipo de cambio efectivo real, un índice que refleja, de un lado, la evolución comparada de los ritmos de inflación y, del otro, lo ocurrido con el tipo de cambio efectivo nominal.

Los ritmos de inflación pueden ligarse a indicadores múltiples, desde los precios de consumo a los costes laborales unitarios (coste laboral por unidad de producto, lo que descuenta ya el aumento de productividad) o a los precios de exportación. Los índices de precios de consumo son poco representativos de la evolución comparada de los precios de los bienes, porque incorporan los precios de los servicios, lo que hace que los otros dos indicadores resulten más fiables. El tipo de cambio nominal —es decir, el precio de la peseta en relación con las distintas monedas— sería un indicador muy burdo, para el aspecto que nos ocupa, porque los efectos, para la exportación española, de una apreciación de la peseta frente al franco francés no pueden ser los mismos que el de una apreciación de la peseta frente a la corona danesa, dado que la exportación a Francia es, en valor, unas treinta veces superior a la exportación a Dinamarca. Para tomar en cuenta esas diferencias, lo que se hace es elaborar un índice que pondera la evolución comparada del tipo de cambio por el comercio mutuo de cada año; es decir, se confecciona un índice de tipo de cambio efectivo nominal. Multiplicando el índice de precios relativos que se haya seleccionado por el del tipo de cambio efectivo nominal, se obtendrá el índice de tipo de cambio efectivo real.

El Cuadro 4.3 permite observar la evolución de la competitividad española desde el ángulo mencionado y para el período 1980-1996.

El cuadro se refiere, por una parte, a los países OCDE y, por la otra, a los que integran la Unión Europea. Los primeros significan, con cifras de 1996, un 80 por 100 aproximado del total de las exportaciones españolas y los segundos alrededor de un 72 por 100; permiten pues, una aproximación bastante precisa al tema de la competitividad-precios.

Con respecto a los países OCDE, el período analizado, 1980 a 1996, con subdivisiones varias, refleja un aumento generalizado de los costes laborales unitarios, tanto los totales como los de las manufacturas, y de los precios de exportación. Sin embargo, y por efecto de las variaciones del tipo de cambio nominal, la competitividad medida a través del índice de tipo de cambio efectivo real, no varía al mismo compás: de 1980 a 1986 se produce un incremento de competitividad, en cualquiera de los renglones elegidos, por efecto de la depreciación del tipo de cambio nominal que absorbe los incrementos de costes y precios; de 1986 a 1992 la situación es muy distinta: existe una pérdida generalizada de competitividad, superior a la provocada por el incremento de precios internos, al haberse producido una apreciación del tipo de cambio como resultado de la pertenencia al mecanismo de cambios del Sistema Monetario Europeo; los años 93 y 94 reflejan, de nuevo, ganancias de competitividad derivadas de las devaluaciones de la peseta ocurridas en 1992 y 1993; en los dos últimos años, la competitividad-precio disminuye por el efecto conjunto de las dos variables.

En el caso de la Unión Europea, grupo de países con economías más intervenidas que las del resto de la OCDE, las variaciones tienden a ser menores, pero la dirección es la misma: de 1980 a 1986, los costes y precios españoles adelantan a los de la media de la UE, pero se gana competitividad a través de la depreciación del tipo de cambio; el período 1986-1992 se caracteriza por una pérdida generalizada de competitividad, que es consecuencia de elevaciones de costes y precios internos, que se ven, además, potenciadas por los movimientos

Cuadro 4.3. Evolución de la competitividad

	Tasas de variación (a)										
	Precios relativos en monedas nacionales						Tipos de cambio real				
	Tipos de cambio nominal	Costes laborales unitarios	Precios de consumo	Costes laborales unitarios (manufac.)	Precios industr.	Precios de export.	Costes laborales unitarios	Precios de consumo	Costes laborales unitarios	Precios industr.	Precios de export.
Frente a la O.C.D.E.:											
ϕ1986/01980	–28,5	15,1	28,4	7,9	32,2	25,1	–17,7	–8,2	–22,9	–5,4	–8,8
ϕ1992/01986	7,1	16,9	11,2	19,1	–1,3	1,6	25,3	19,1	27,6	5,7	11,5
1991	0,1	1,6	1,2	1,3	–0,4	–1,3	1,7	1,3	1,4	–0,3	–1,2
1992	–2,2	3,8	2,0	3,8	0,2	1,7	1,5	–0,3	1,5	–2,0	–0,5
1993	–11,6	2,1	1,3	3,4	1,6	2,7	–9,7	–10,5	–8,6	–10,3	–9,4
1994	–6,6	–0,5	2,1	–2,6	2,6	1,6	–7,1	–4,7	–9,1	–4,2	–4,9
1995	–0,6	–0,4	2,0	–2,5	2,5	2,9	–1,0	1,4	–3,1	1,9	2,5
1996	0,6	2,0	1,3	4,4	1,3	0,5	2,7	2,0	5,1	1,9	1,1
Frente a la U.E.:											
ϕ1986/01980	–23,2	13,2	25,3	4,2	27,6	19,4	–13,1	–3,8	–20,1	–2,0	–5,9
ϕ1992/01986	4,2	15,8	10,8	17,0	–1,6	1,3	20,7	15,5	21,8	2,5	7,8
1991	0,8	1,1	1,2	1,1	–0,5	–1,6	2,0	2,0	1,9	0,3	–0,7
1992	–2,7	3,5	1,7	3,5	0,1	1,4	0,7	–1,0	0,7	–2,5	–1,3
1993	–9,6	2,0	1,1	3,3	1,5	1,8	–7,8	–8,6	–6,6	–8,3	–7,8
1994	–6,3	–0,3	1,9	–2,5	2,3	1,2	–6,6	–4,5	–8,7	–4,1	–5,0
1995	–1,4	–0,3	1,9	–2,7	2,0	2,7	–1,6	0,5	–4,0	0,6	1,3
1996	0,3	2,0	1,3	4,1	1,4	0,6	2,3	1,6	4,4	1,7	0,9

(a) Las tasas de variación positivas indican pérdida de competitividad y las negativas, ganancia.

Fuente: Banco de España: Balanza de Pagos de España, 1996, Cuadro II.6.

al alza del tipo de cambio nominal; los años 1993 y 1994 son testigos de un incremento sustancial de competitividad, debido a la acción conjunta de la evolución favorable de costes y precios, y de las depreciaciones de la moneda; en los dos últimos años la competitividad vuelve a erosionarse.

¿Qué conclusiones pueden extraerse de los datos utilizados?

La primera de las conclusiones es que nuestros costes y precios internos aumentan, por regla general, a ritmo más rápido que el de nuestros principales competidores; una situación que parece corregirse en los últimos años y que, en buena parte, tiene que ver con la apertura creciente de la economía española, con la moderación salarial y con el declinar de la inflación.

La segunda de las conclusiones es que la competitividad no sigue un camino determinado, sino que ofrece comportamientos cíclicos, puesto que hasta el momento depende, en muy buena medida, de la evolución del tipo de cambio: tan pronto como el tipo de cambio se aprecia, la competitividad cae; y sólo vuelve a incrementarse con depreciaciones sustanciales del valor internacional de la peseta.

La tercera de las conclusiones, y la más relevante a todos los efectos, es que la estabilidad macroeconómica, que necesariamente ha de apoyarse en la estabilidad de los costes laborales unitarios, es condición indispensable para que la exportación española aumente su cuota en los mercados exteriores, porque esas ganancias de cuota no pueden depender de las depreciaciones del tipo de cambio; en primer lugar, porque toda depreciación es inflacionista, y tanto más cuanto más abierta sea la economía; en segundo lugar porque las variaciones del tipo de cambio nominal no dependen sólo de la política cambiaría seguida por el Gobierno español, puesto que cuenta también la decisión de los demás Gobiernos; finalmente porque, por lo que a nuestros socios de la Unión Europea se refiere, la posibilidad de mejorar la competitividad de la exportación, a través del tipo de cambio, desaparecerá tan pronto como se instaure la moneda única.

Existen maneras diversas de clasificar, por grupos, la evolución de la demanda mundial. Una de ellas consiste en desagregar los sectores de la importación mundial, de acuerdo con sus tasas de crecimiento en un período determinado. Naturalmente, cualquier fórmula que se adopte ha de tener en cuenta que el comercio de manufacturas es mucho más libre que el de productos agrícolas y que, por tanto, sus tasas de crecimiento responden mucho más directamente al juego de las variables fundamentales de cualquier economía.

De conformidad con el criterio anterior, la Secretaría de Estado de Comercio Exterior dividió en tres grupos la importación mundial del período 1986-1993: el primero de los grupos lo formaban aquellos sectores cuyas importaciones habían crecido más de dos puntos por encima de la media (sectores de demanda fuerte); el segundo lo integraban los sectores en los que la importación mundial había crecido al menos dos puntos por debajo de la media (sectores de demanda débil); el resto de los sectores se había movido alrededor de la media (sectores de demanda media).

Una vez conocidos los ritmos de la demanda mundial, de acuerdo con esos presupuestos, el paso siguiente consiste en analizar cómo se han comportado los tres grupos correspondientes de la exportación española para el mismo lapso de tiempo: si el grupo de demanda fuerte supone un porcentaje cada vez mayor de la oferta exportable, las posibilidades de expansión rápida de las exportaciones aumentarán porque se irá a favor del viento; si crece el grupo de demanda débil, esas posibilidades disminuirán sustancialmente porque la oferta exportable se estará moviendo en dirección contraria a la demanda mundial; si crece el grupo de demanda media no se producirá ningún estímulo especial para incrementar las exportaciones, del lado de la importación mundial, porque los incrementos de cuota de exportación requerirán competir en mercados con ritmos de crecimiento normales.

El Gráfico 4.4 muestra los resultados obtenidos y permite efectuar comparaciones respecto de la demanda mundial y de la evolución de la oferta exportable de dos competidores muy significativos, como son Francia e Italia.

Como puede advertirse, los sectores de demanda débil, compuestos, en muy buena medida, por bienes de escaso valor añadido, entre los que abundan los productos agropecuarios, las materias primas y los productos manufacturados, han reducido su peso en la oferta exportable española, pasando, en el período considerado, del 26 por 100 al 17,6 por 100 del total. Los sectores de demanda media, por el contrario, han aumentado su presencia en el total, con un incremento de casi seis puntos. Hay que recordar, en este caso, que el subsector del automóvil —compuesto por automóviles, motos y componentes de automóvil— representa una proporción sustancial de la exportación española: el 25 por 100 de la exportación total y el 26 por 100 de la industrial, en el año 1993 [4]. Un sector, por añadidura, en el que apenas hay empresas españolas —no hay ninguna en el de fabricación de automóviles— y en cuyo comportamiento influyen más las decisiones de las grandes marcas multinacionales que cualquier variable interna. Su inclusión dentro de este grupo de demanda media, y el aumento de exportación del período 1986-1993, explican, en buena medida, ese incremento del peso del subsector medio en la exportación total. Finalmente, los sectores de demanda fuerte, de alto valor añadido y con presencia notable de productos químicos, bienes de equipo y manufacturas de consumo, han aumentado, también, su presencia en la exportación total, pasando de significar el 20,8 por 100 al 22,5 por 100 en ese lapso.

De la comparación anterior surgen dos consideraciones importantes.

Si relacionamos la exportación española con el total de la exportación mundial, observaremos que la oferta exportable española sigue un camino parecido a la mundial en lo que a los sectores de demanda débil y fuerte se refiere, y una senda distinta en los sectores de demanda media. Reduce el peso de lo que denominamos sectores débiles y además lo reduce a un ritmo superior al que re-

[4] Ministerio de Comercio y Turismo: «Sector exterior en 1993», Madrid, 1994, pág. 222.

Gráfico 4.4. Com*posició*n del comercio exterior (en % sobre el comercio total).

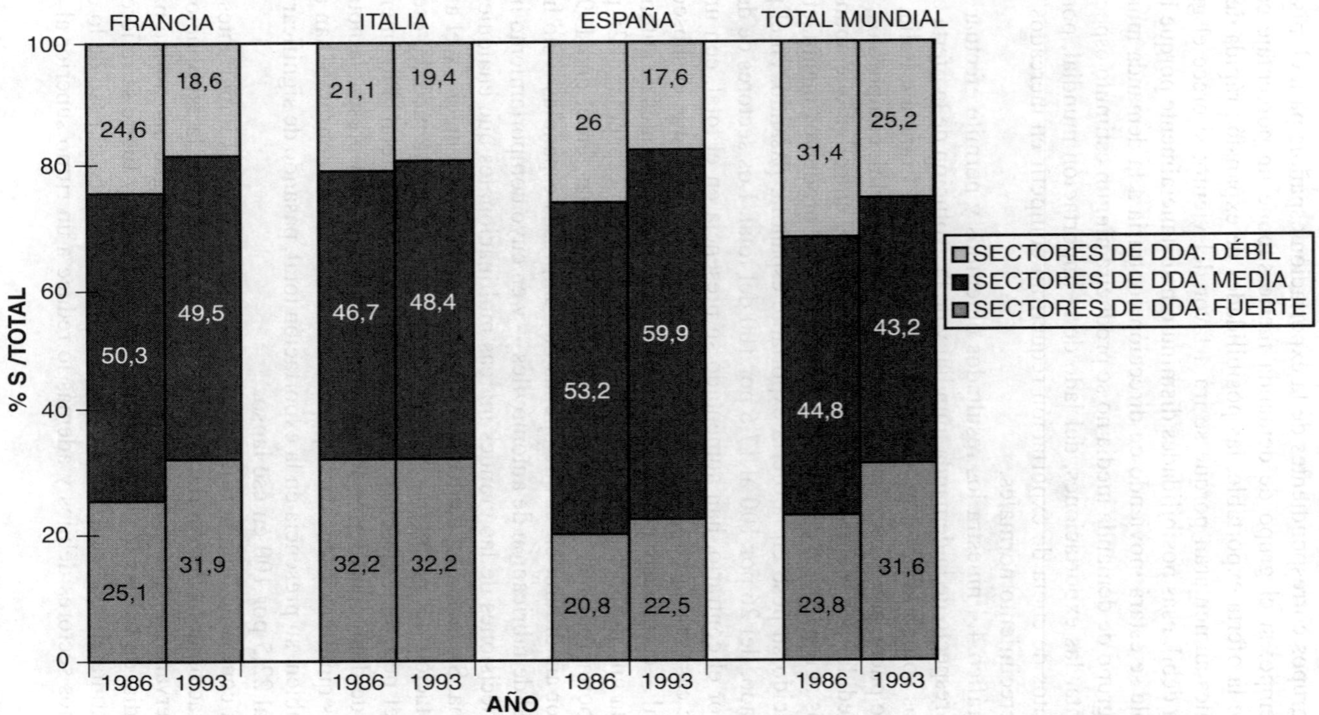

Fuente: Ministerio de Comercio y Turismo: «Sector Exterior 1994», págs. 148-154; BICE, núm. 2.448.

fleja la evolución mundial; para los años estudiados la reducción es del 48 por 100 en el caso español y del 25 por 100 en el conjunto de los países. Y aumenta la participación de los sectores fuertes, sólo que en este caso a ritmo más lento: el incremento sólo ha sido del 8 por 100 en el caso español frente al casi 33 por 100 del global. La explicación se encuentra, naturalmente, en la dilatación experimentada por los sectores intermedios, en clara contraposición a la ligera disminución observable en el total.

Si comparamos la composición española con la francesa e italiana concluiremos que la disminución de los productos de demanda débil es más rápida en España, en los dos casos, y más lenta que en Francia en el grupo de demanda fuerte, puesto que ese grupo no ha variado su peso en el caso italiano. Con relación al grupo de demanda media, existe una cierta permanencia en Francia y un crecimiento ligero en Italia frente al mayor crecimiento español. Pero hay un rasgo diferencial notable que no puede soslayarse: los sectores de demanda fuerte suponen, en el año 1993, unos diez puntos más de exportación total en Francia e Italia que en España; es decir, ambas economías están sustancialmente más adaptadas que la española a los requerimientos de la demanda mundial. Lo que significa, en términos globales, que la oferta exportable española se va adaptando a las pautas de demanda mundial, pero que su base de partida es inferior a la de los dos competidores examinados.

¿Cuáles son las características generales del tejido empresarial que más influyen sobre su capacidad exportadora? Muy probablemente, el tamaño de las empresas, la tecnología que emplean y la configuración de sus redes exteriores. Es decir, los elementos que determinan su competitividad.

Aunque con frecuencia se haga referencia a la competitividad de una economía, lo cierto es que el núcleo de la competitividad radica en la empresa. Es posible que la falta de estabilidad macroeconómica o la insuficiencia de capital social fijo reduzcan la competitividad de las empresas, pero ninguna economía puede ser competitiva, (término además equívoco) si la mayor parte de sus empresas no lo son, es decir si no son capaces de ganar o defender cuotas de mercado manteniendo, al mismo tiempo, la capacidad para generar beneficios[5]; y la competitividad internacional de las empresas depende, en buena medida, del tamaño, de la utilización de tecnología propia y de la calidad de la red exterior.

Por lo general, la empresa será tanto más competitiva cuanto mayor sea su tamaño, porque las economías de escala se correlacionan estrechamente con el tamaño y porque el tamaño influye sobre la capacidad organizativa y de innovación.

Como se advierte en el Cuadro 4.4, la empresa española suele presentar un tamaño menor que la de los principales países de la Unión Europea, si utilizamos como indicador el número de empleados.

---

[5] La definición, que incluye la rentabilidad de la empresa, aparece en el trabajo de la Comisión Europea titulado «The Competitiveness of European Industry», Cap. 2, pág. 10.

Cuadro 4.4. Distribución de empresas según tamaño (1990)

N.o de empresas	Alemania	Francia	R. Unido	Italia	España
Micro	86,04	93,52	90,09	90,60	94,86
Pequeña	12,87	5,90	8,75	9,12	4,81
Mediana	0,92	0,48	0,99	0,24	0,29
Grande	0,17	0,10	0,18	0,04	0,04

Fuente: J. A. ALONSO y V. DONOSO: «Competitividad de la empresa exportadora española», ICEX, Madrid, 1994. Se trata de una muestra de 2.264 empresas situadas en todo el territorio español, dedicadas a actividades transformadoras, tanto agrícolas como industriales, y con presencia exportadora. Los datos corresponden a 1990 y la clasificación es la siguiente: 1) Microempresa: hasta 9 empleados; Pequeña: De 10 a 99 empleados; Mediana: de 100 a 500 empleados; Grande: más de 500 empleados.

Nótese que España es el país en el que más abundan las empresas muy pequeñas (microempresas) y las pequeñas; que la proporción de empresas medianas es algo superior a la de Italia, pero inferior a la de los otros tres países y que, en el caso de las grandes empresas, nos equiparamos a Italia, pero nos encontramos lejos de la situación de Alemania, Francia y Reino Unido.

Una encuesta más reciente sobre la empresa exportadora española pone de manifiesto que la utilización de tecnología española no es la característica de las pequeñas, medianas y grandes empresas españolas, tal y como se refleja en el Cuadro 4.5.

Cuadro 4.5. Porcentaje de empresas que utilizan tecnología española en la producción y exportación (1996)

Microempresas	55%
PYMES	35%
Grandes empresas	22%

Fuente: ICEX: Sondeo de empresas exportadoras, mayo 1996. El sondeo abarca 1.102 empresas, de todo el territorio nacional y de todos los sectores: 159 microempresas (hasta 10 empleados), 867 PYMES (de 11 a 500 empleados) y 69 grandes empresas (más de 500 empleados).

Para exportar se requieren redes exteriores propias dado que esa red exterior es la que permite consolidar la presencia, la que modifica la organización comercial de acuerdo con la pulsación del mercado y la que, en general, transmite a la casa matriz los datos que hacen posible seguir las evoluciones de la demanda. Cabe utilizar otras vías, como por ejemplo disponer de representantes o agentes, pero la capacidad de adaptación tenderá a ser menor.

Y también en este aspecto, y de acuerdo con el sondeo anterior, el tejido empresarial del país presenta insuficiencias porque son pocas las empresas que cuentan con filiales comerciales propias, según se advierte en el Cuadro 4.6.

Cuadro 4.6. Porcentaje de empresas que cuentan con filiales propias en su actividad exportadora (1996)

Microempresas	3,5%
PYMES	15%
Grandes empresas	58%

Fuente: ICEX: Sondeo de empresas exportadoras, mayo, 1996.

La capacidad exportadora de la economía española se ve, pues, frenada por los vaivenes de la competitividad-precio, por una insuficiente adaptación de la oferta exportable a la demanda mundial y por las características medias del tejido empresarial. Frenos actuales que, sin embargo, no son sino el reflejo de un pasado de economía cerrada.

4.8. LA EXPORTACIÓN ESPAÑOLA: LAS SOMBRAS DEL PASADO

Desde la Restauración hasta la incorporación a las Comunidades Europeas, un lapso de algo más de cien años, la economía española se movió en un entorno caracterizado por la protección exterior y la intervención pública de los mecanismos económicos.

A partir de 1877, los aranceles españoles son cada vez más elevados, en respuesta a los reclamos protectores de los industriales catalanes y vascos, de un lado, y de los agricultores castellanos, del otro, una trayectoria que se mantiene hasta el Arancel Cambó de 1922, arancel que con las revisiones posteriores de 1926, 1927 y 1928, constituyó una verdadera muralla fiscal frente a las importaciones. La protección se va a acentuar en los años treinta, de acuerdo con las políticas comerciales puestas en pie tras la Gran Depresión iniciada en 1929, a través de las medidas típicas del bilateralismo, y conocerá su cénit en el largo ensayo autárquico de 1939-1959: las fronteras se cierran, en un sostenido propósito de desarrollo hacia adentro, y la protección se hace descansar sobre la autorización administrativa. Fracasada la autarquía, y al borde de la suspensión de pagos exteriores, la política comercial iniciada en 1959 busca insertar la economía española en los mercados mundiales, pero lo hace de manera tímida, con lentas dosis de apertura exterior y aplicación de expedientes protectores más o menos disimulados.

Sólo a partir de 1986, por mor de las obligaciones comunitarias, las fronteras exteriores se abatirán para el comercio de productos industriales, puesto que los productos agrícolas se acogerán al escudo protector de la Política Agrícola Común.

A lo largo, pues, de más de cien años, la economía española se abrigó frente a la competencia exterior y presentó las características enumeradas por Perpiñá Grau en 1936: la producción fue la preocupación única de gobernantes y empresarios; se pretendió que esa producción fuera toda nacional; se pensó que el consumo nacional era ilimitado[6].

Esa defensa constante de la producción nacional se vio, además, reforzada por la panoplia de intervenciones públicas que, desde comienzos de siglo, se encadenan casi sin cesar, unas veces obligando a las Administraciones Públicas a adquirir sólo productos nacionales (ley de 1907), otras protegiendo las comunicaciones marítimas y las industrias navales (ley de 1909), otras confiriendo beneficios especiales a las industrias declaradas de interés nacional y dejando en manos del Ministerio de Industria las decisiones fundamentales para el desarrollo industrial del país (leyes de 1939), otras creando un *holding*, el Instituto Nacional de Industria, para solidificar, desde las instancias públicas, la condición de economía intervenida (ley de 1941). Ni siquiera el cambio de política económica autárquica, a política económica abierta, frenó la tendencia, porque la inercia interventora es muy difícil de quebrar y porque los Planes de Desarrollo, que impregnaron la economía española de 1964 a 1974, incorporaban toda una serie de medidas de regulación y suponían, en última instancia, palancas poderosas de asignación centralizada de recursos. Una intervención, por otro lado, que no se ha atemperado pese a la apertura exterior, puesto que los mercados de productos y de factores siguen presentando rigideces sustanciales.

Y ese binomio protección-intervención, que ha constituido durante tan largo tiempo el marco general de la economía española, y que sólo en parte ha quedado roto por la incorporación a las Comunidades Europeas, ha limitado la capacidad de competencia de las empresas españolas por varias razones.

Primera razón: salvo las empresas multinacionales, de llegada tardía, la mayor parte de las empresas españolas han tenido en cuenta, ante todo, la pulsación del mercado nacional, se han creado para atender las necesidades de ese mercado. Resultado de esa limitación: que han proliferado las empresas de tamaño muy pequeño, poco aptas para alcanzar economías de escala y muy poco capaces de competir en los mercados exteriores.

---

[6] «De Economía Hispana. Contribución al estudio de la constitución económica de España y de su política comercial, especialmente la comercial exterior», Perpiñá Grau, R. (1936). La obra se publica, por vez primera, en alemán (1935) y un año después (1936) en español. Se utiliza la edición de 1993 de la Fundación FIES. Las ideas citadas figuran en el Apéndice III: la política económica española.

Segunda razón: la capacidad de adaptación a mercados cambiantes es, también, limitada a consecuencia del horizonte nacional en el que están acostumbradas a trabajar y del clima de rigideces que las acordona. Exportar requiere estar presente en varios mercados a la vez y poder ajustar la oferta a las singularidades de cada mercado y a las modificaciones de su demanda. Esa capacidad de ajuste es difícil de adquirir por empresas cuyo objetivo central es el mercado nacional y que, además, deben desenvolverse en un entorno poco apto para efectuar cambios rápidos, dado que muchos de sus inputs habrán de adquirirlos en mercados no contestables o frecuentemente administrados. Resultado: que las posibilidades de mantener la presencia exterior son limitadas y que, consecuentemente, la exportación tiende a ser esporádica[7].

Tercera razón: para competir es preciso que el entorno general sea competitivo, algo que todavía no sucede en la economía española. En ciertos sectores básicos prevalecen empresas que se mueven en un clima de invernadero, caracterizado por la subvención y la imposición de precios políticos; en otros, también básicos, predominan las formaciones monopólicas; además de la protección natural de que disfrutan muchas empresas del sector servicios, productoras de bienes no comercializables internacionalmente, abundan a lo largo y ancho del sector terciario, múltiples barreras a la competencia que elevan costes y precios[8].

4.9. EL PAPEL DETERMINANTE DE LA EXPORTACIÓN

El desarrollo del presente capítulo conduce a una sencilla conclusión: el sector exterior de la economía española tiene en la exportación de bienes su punto débil dado que su insuficiente crecimiento provoca notables desequilibrios comerciales que, a su vez, se traducen en desequilibrios corrientes y en un aumento de los pasivos exteriores. Crecer, de forma equilibrada, requiere, por tanto, un aumento, sostenido y considerable, de la exportación de bienes.

Para Thirlwall[9] el ritmo de crecimiento de una economía, compatible con el equilibrio exterior, viene dado por la condición:

$$Y_t = \frac{X_t}{M}$$

[7] El estudio de Camisón; Gil, y Martínez sobre la industria del mueble —«La empresa española del mueble: internacionalización y definición del ámbito estratégico», ICE, núm. 761, marzo-abril 1997— otorga validez empírica a tales consideraciones.

[8] El sector del carbón, las comunicaciones y los transportes son claros ejemplos, en España, de entornos no competitivos.

[9] A. P. Thirlwall: «The Balance of Payments Constraint as an Explanation of International Growth Rate Differences», *Banca Nazionale del Lavoro*, núm. 128, marzo 1979.

en donde

Y_t = crecimiento real del PIB para el período escogido.
X_t = crecimiento real de la exportación de bienes y servicios.
M = elasticidad renta de la demanda de importación de bienes y servicios.

Para simplificar el cálculo, el propio Thirlwall admite que la elasticidad renta de la importación de bienes y servicios se sustituya por la relación entre el crecimiento de la importación y el del producto total, hipótesis bastante laxa porque neutraliza el efecto que, sobre la demanda de importaciones, tienen las variaciones de precios.

Aplicando la variación sugerida a los datos españoles del período 1980-1995, datos contenidos en el Cuadro 4.7, podemos aproximarnos a lo que, para el período, hubiese constituido el crecimiento medio sin desequilibrio exterior: un 2,36 por 100 interanual.

El dato, que no puede blandirse como explicación irrefutable de lo ocurrido en la realidad española, permite, sin embargo, aproximarse a lo sucedido en el período expansivo 1986-1990: el crecimiento rápido del período, con tasa anual media de 4,48 por 100, se efectuó a costa de agudizar, sustancialmente, el desequilibrio exterior, como se advierte en el Gráfico 4.1.

Para no tropezar con el restricción exterior, entendida ésta como los niveles de desequilibrio no soportables por el conjunto de la economía y conducentes a operaciones estabilizadoras, la exportación española de bienes necesita de impulsos continuados. Porque ese crecimiento de la exportación no es sólo condición indispensable para soslayar la restricción exterior; es también condición fundamental para mejorar la asignación de recursos.

Diversas contrastaciones empíricas parecen mostrar que las exportaciones permiten acrecentar la producción total por encima de su propia contribución al producto. Por razones varias.

En primer lugar, y a consecuencia de la ampliación de mercado, la utilización de capacidad productiva se eleva, lo que da lugar a la aparición de economías de escala y, por consiguiente, a un aumento de la productividad marginal de los factores.

En segundo lugar, la exportación requiere de innovaciones técnicas constantes que permitan mantener la competitividad, lo que se traduce en una difusión tecnológica que abarca el conjunto del tejido productivo.

En tercer lugar, porque competir en distintos mercados requiere una gestión eficiente, lo que supone una mejora del capital humano de los sectores exportadores y, por la normal capilaridad entre sectores, una más afinada gestión de la mayor parte de la empresas.

Una de las mediciones del efecto aprendizaje desencadenado por la exportación figura en el trabajo de Feder [10]. Su marco analítico consiste en descom-

---

[10] GERSHON FEDER: «On Exports and Economic Growth», *Journal of Development Economics*, 12, 1982.

Cuadro 4.7. Crecimientos reales del PIB y de las exportaciones e importaciones de bienes y servicios

PIB A PRECIOS CONSTANTES DE 1986

	1980	**1981**	**1982**	**1983**	**1984**	**1985**	**1986**	**1987**	**1988**	**1989**	**1990**	**1991**	**1992**	**1993**	**1994**	**1995**
Incremento		–0,2%	1,6%	2,2%	1,5%	2,6%	3,2%	5,6%	5,2%	4,7%	3,7%	2,3%	0,7%	–1,2%	2,1%	2,8%
			Media:	**2,46%**												

EXPORTACIONES DE BIENES EN PRECIOS CONSTANTES DE 1986

	1980	**1981**	**1982**	**1983**	**1984**	**1985**	**1986**	**1987**	**1988**	**1989**	**1990**	**1991**	**1992**	**1993**	**1994**	**1995**
Incremento		8,2%	5,0%	10,0%	11,7%	2,7%	1,9%	6,3%	5,1%	3,0%	3,2%	7,9%	7,4%	8,5%	16,7%	8,2%
			Media:	**7,04%**												

IMPORTACIONES DE BIENES EN PRECIOS CONSTANTES DE 1986

	1980	**1981**	**1982**	**1983**	**1984**	**1985**	**1986**	**1987**	**1988**	**1989**	**1990**	**1991**	**1992**	**1993**	**1994**	**1995**
Incremento		–4,2%	4,8%	–0,3%	–1,8%	7,9%	14,4%	20,1%	14,4%	17,3%	7,8%	9,0%	6,9%	–5,2%	11,4%	8,8%
			Media:	**7,42%**												

Fuente: INE, Contabilidad Nacional, precios constantes de 1986.

poner la economía en dos grandes sectores, los que producen para la exportación y los que lo hacen para el mercado interno, y calcular luego la diferencia de productividad que refleja la inversión en uno y otro. Su conclusión es que, para el período 1964-1973, y para un grupo de países de reciente industrialización, entre los que se encuentra España, las ganancias de productividad asociadas al esfuerzo exportador han contribuido al aumento del producto total en un porcentaje que varía de 1,8 a 2,2 puntos anuales.

Sin poner en duda la relevancia empírica del modelo que, en términos generales, contribuye a explicar lo ocurrido con doce países CEE en el período analizado, Raymond introduce una serie de matizaciones que completan la relación entre exportaciones y crecimiento [11]. A su entender, la correspondencia entre exportaciones y crecimiento es biunívoca: cada variable influye en la otra. El incremento de la exportación produce una mejor asignación de recursos en el conjunto de la actividad económica y, por consiguiente, impulsa el crecimiento general. Pero, cualquier mejora en la asignación de recursos dará lugar, también, a un aumento de las exportaciones porque acrecentará la competitividad de la economía. Por otro lado, las sinergias desencadenadas por el aumento de la exportación serán más intensas cuanto más lejos se encuentre el país de los niveles de renta que intenta alcanzar, lo que explica por qué la economía española de los años sesenta era mucho más receptiva al esfuerzo exportador de lo que lo es en los años noventa.

El necesario impulso a la exportación cuenta, en la actualidad, con una ventaja inexistente en los años de rápido crecimiento: la apertura de la economía española, que ha reducido sustancialmente el coste de los inputs adquiridos en el exterior. En la medida en que los mercados internos se flexibilicen, debería ser posible que las empresas españolas, pese a las adherencias que aún recuerdan el larguísimo pasado de protección, ganasen cuota de mercado internacional y alumbrasen, de esa manera, una situación hasta ahora desconocida: la posibilidad de crecer sin tropezar con la restricción exterior. Ahora bien, para que así ocurra, para que el crecimiento de la exportación fortalezca la cuenta corriente, es preciso invertir más, innovar más y producir más, lo que requiere, como inexcusable condición, que las Administraciones Públicas limiten su apelación al ahorro privado y que por la vía de la consolidación fiscal, dejen de presionar al alza los tipos de interés. De lo contrario, el comportamiento pródigo de esas Administraciones seguirá transformando parte del déficit público en deuda exterior.

---

[11] José Luis Raymond: «Exportaciones y crecimiento», Fundación FIES, Madrid 1995.

5

La economía recuperada

5.1. EL SÍNDROME INGLÉS

Como hemos visto en los dos primeros capítulos, la política económica del período 1975-1995 se caracterizó por el rígido crecimiento del sector público, por el olvido de las reglas básicas de la actividad económica, y por la aparición y permanencia del déficit público.

El gasto público, que representaba el 26 por 100 del Producto Interior Bruto en 1975, pasó a suponer el 47 por 100 en 1995, con una singularidad: las transferencias y el consumo fueron los grandes motores del crecimiento del gasto puesto que, con algunas oscilaciones, la inversión pública mantuvo, a lo largo del período, niveles similares.

Los criterios que deben guiar la asignación intertemporal de recursos —los recursos son escasos, pueden emplearse de formas distintas, el ahorro ha de estimularse para potenciar la inversión, la inflación constituye un síntoma de mala administración— tampoco fueron respetados. Al contrario, fueron, por lo general, olvidados: desde el sector público se procuró satisfacer conjuntos incompatibles de demandas sociales; los gastos corrientes prevalecieron sobre los de capital; el ahorro nacional se contrajo, no tanto por la reducción del ahorro privado como por la compresión del ahorro público; la inflación se mantuvo, siempre, a niveles preocupantes y, en todo caso, por encima de la de los países de nuestro entorno.

Pese a que la estructura tributaria se fortaleció a notable ritmo, la velocidad del gasto público hizo que el déficit fiscal, iniciado en 1976, se repitiera año tras año, con olvido sistemático de la primera de las proposiciones económicas: que nadie puede gastar, de forma permanente, más de lo que su renta le permite.

En veinte años, la economía española había adquirido dos de los rasgos fundamentales que hoy la caracterizan: ser, por un lado, una economía de transferencia y, por el otro, una economía de endeudamiento. Es una economía de transferencia porque la dilatación del sector público, y de su actividad redistribuidora, ha hecho que el área de no mercado —la que se nutre de impuestos y canaliza las transferencias entre los distintos segmentos sociales— haya crecido enormemente respecto del área de mercado —la que se nutre de la venta de bienes y servicios dentro y fuera de las fronteras nacionales. Dicho de otra forma, las Administraciones Públicas han aumentado enormemente su dimensión respecto del sector privado de la economía, de forma tal que, en la actualidad, el número de personas cuyas rentas dependen de las Administraciones Públicas es mayor que el de las que las reciben del sector privado: unos once millones, en el primero de los casos y diez millones y medio en el segundo[1]. Es una economía de endeudamiento porque el ingente esfuerzo de transferencia se ha llevado a cabo con recurso al déficit permanente, lo que situó la deuda pública en un 65 por 100 del PIB, al término de 1995, y la deuda exterior— no olvidemos que el déficit corriente es tributario del público— en un 19 por 100 del PIB del mismo año. Puesto que las deudas se proyectan hacia el futuro, y han de ser amortizadas mediante esfuerzos que significan disminuciones del nivel de vida, puede concluirse que, a lo largo del período, las Administraciones Públicas han redistribuido la renta corriente y también la futura.

Una economía en la que se van afianzando esos dos rasgos —predominio de la actividad de transferencia y acrecentamiento de la deuda interna y externa— tiende a moverse de forma inercial, porque cada vez resulta más difícil embridar el gasto público. Y buena prueba de ello es que, como se señalaba en el Apartado 2.2.4, el gasto realizado por las Administraciones Públicas fue, en 1975-1981, un 18,41 por 100 superior al inicialmente presupuestado y, en 1982-1995, un 19,42 por 100 superior. Las razones generales han sido ya enumeradas en el Apartado 2.2; las concretas, en el caso español, son fácilmente identificables. En primer lugar, las prestaciones sociales (en especial pensiones y desempleo) tienden a aumentar en una sociedad que envejece, que crece a ritmo lento y que presta mucha mayor atención a las políticas pasivas de empleo que a las activas; en segundo lugar, la demanda de bienes sociales (educación y sanidad, ante todo) aumenta velozmente por el lógico deseo de ascensión social, de un lado, y, del otro, por el envejecimiento de la población, por la proliferación de

---

[1] Los datos proceden de la «Memoria de clases pasivas, 1996», de la Dirección General de Costes de Personal y Pensiones Públicas (Ministerio de Economía y Hacienda), de «La Seguridad Social en el Umbral del siglo XXI» (Ministerio de Trabajo y Seguridad Social, 1996) y de la «Síntesis de Indicadores Económicos, junio 1997» (Ministerio de Economía y Hacienda). Para calcular el número de personas que dependen de las Administraciones Públicas se han sumado los pensionistas (clases pasivas incluidas), los funcionarios públicos y los beneficiarios de prestaciones por desempleo. Los trabajadores, de todo tipo, del sector privado y los empleados de las empresas públicas integran el segundo grupo. No debe olvidarse que el envejecimiento de la sociedad española ha hecho crecer, sustancialmente, el número de pensionistas, pero no es menos cierto que el adelanto de la edad de jubilación ha impulsado también ese crecimiento.

conductas irregulares y por la falta de medidas eficaces para poner coto a tales conductas; en tercer lugar, no resulta fácil aminorar los gastos de intervención económica que, en su mayor parte, son ayudas a empresas o sectores en crisis, sobre todo en una economía con dilatada tradición de intervención pública; en cuarto lugar, por el coste creciente de la deuda; y añádase a todo ello, en quinto lugar, el gasto creciente a que da lugar la consolidación de un Estado de las Autonomías que, entre otros aspectos, ha hecho crecer, con la aparición de múltiples redundancias, el número de funcionarios públicos.

Ante el desbordamiento del gasto, los gobiernos optaron, en ese lapso, por seguir dos vías simultáneas: aumentar los ingresos fiscales para tratar de contener la brecha entre ingresos y gastos públicos; y aplicar una política monetaria restrictiva para frenar la inflación.

De 1975 a 1995, ya se ha dicho en el Apartado 2.4., los ingresos fiscales pasaron del 21,35 por 100 al 35, 3 por 100 del PIB. Ese aumento de la presión fiscal gravitó, además, no sobre el conjunto de los obligados a tributar, sino sobre parte de ese conjunto: en general, sobre los preceptores de sueldos y salarios, en el IRPF y cotizaciones sociales, y sobre las empresas debidamente registradas, en el caso de las cotizaciones a la Seguridad Social, el impuesto de sociedades y los demás variados tributos a que se ve sometida la actividad empresarial. Sólo el IVA parece haberse aplicado sobre una base bastante más amplia. El resultado de esa creciente presión fiscal, aplicada de forma intensiva, fue doble: avivar el crecimiento de los costes salariales, al defender los perceptores de sueldos y salarios sus ingresos netos, y recortar los beneficios empresariales, en muchos casos, al no poder las correspondientes empresas trasladar costes a precios.

Al aplicar una política monetaria restrictiva, para contener la demanda global y frenar así la inflación, el resultado ha sido la permanencia de altos tipos de interés, sostenidos, además, por la apelación continua del Tesoro al ahorro privado, con objeto de financiar una deuda pública cada vez más voluminosa.

Un entorno privado caracterizado por una presión fiscal creciente, que dilata los costes laborales y merma los beneficios, y elevados tipos de interés, no es el entorno más favorable para crear y expandir empresas. Al contrario, es un escenario de crecimiento lento del tejido empresarial y, por tanto, de aumento tendencial de la tasa de desempleo, aumento que se ve, además, estimulado por la rigidez de los mercados laborales. Un entorno público marcado por la persistencia del déficit y el aumento de la deuda es, además, un escenario que apenas deja espacio para la política anticíclica, porque el binomio déficit— deuda supone una cortapisa de notable envergadura. El entorno global que ha ido generándose a lo largo de esos años tenía que conducir, con algunos vaivenes, a tasas de crecimiento claramente inferiores al producto potencial y a tasas de desempleo muy elevadas.

Y, sin embargo, la política económica que ha prevalecido, con alguna excepción, a lo largo de ese período no es caprichosa; es la respuesta única a un gasto público creciente, cuyos componentes fundamentales son las transferencias y el consumo, porque, de no haber aumentado la presión fiscal, el déficit y la deuda hubieran sobrepasado, con rapidez, los límites tolerables y situado a la economía española al borde de la suspensión de pagos y, de no aplicarse, sistemáticamente, políticas monetarias restrictivas, la inflación hubiera corroído el mecanismo económico y generado consecuencias similares. De no ponerse freno al gasto público, tanto la política fiscal como la monetaria han de moverse por cauces muy estrechos y conducentes a la meta que ya conocemos: la dilatación del área de no mercado de la economía a expensas del área de mercado, la consolidación, por tanto, de la economía de transferencia-endeudamiento[2].

No es posible, sin embargo, mantener ese rumbo indefinidamente porque, a menos que se pueda dinamizar el área de mercado, la economía irá perdiendo pulso de forma gradual, la capacidad de transferencia se reducirá sustancialmente, la deuda se irá acumulando de forma explosiva y, en un mundo abierto, los mercados financieros penalizarán, de forma continua, la persistencia y agrandamiento de los desequilibrios. Tras la recesión del 92-93, y las tormentas cambiarias de esos años, la imposibilidad mencionada se había hecho patente para los responsables de la política económica española; la urgencia del cambio llegó, sin embargo, de la mano de los compromisos exteriores, entre los que destaca, en primer lugar, el cumplimiento de los criterios de convergencia.

5.2. LAS OBLIGACIONES EXTERIORES

Los gobiernos españoles han apostado, siempre, por la adhesión, primero, a las Comunidades Europeas y, después, por la pertenencia a la Unión Europea y la incorporación a la Unión Monetaria, prevista ahora para 1999.

Como es bien sabido, cualquier miembro de la Unión Europea que desee formar parte de la Unión Monetaria ha de cumplir cinco condiciones: 1) su tasa de inflación no debe superar en más de 1,5 puntos la de la media de los tres países más estables; 2) el déficit público no debe sobrepasar el 3 por 100 del PIB; 3) la deuda pública no debe superar el 60 por 100 del PIB; 4) el tipo de cambio ha debido formar parte del mecanismo de cambio del SME y no haber experimentado grandes alteraciones ni haberse devaluado a petición propia; 5) los tipos de interés a largo plazo no deben exceder en más de dos puntos a la media de los tres países más estables. Las condiciones 1) y 5) quedan ligadas al año anterior al momento del examen que ha de llevar a cabo el Consejo Europeo, es decir a 1997, en la situación actual; las condiciones 2) y 3) han de cumplir en el momento del examen; la condición 4) debe haberse cumplido durante los dos años anteriores al examen, es decir, 1996 y 1997.

---

[2] Adviértase que la situación de la economía española se parece a la de Gran Bretaña a mediados de los años setenta. Véase R. Bacon y W. Eltis: «Britain´s Economic Problem Revisted», Mcmillan, Londres, 1996. La edición primera data de 1976.

Pero la incorporación a la Unión Monetaria, por haber cumplido las condiciones, no exime de ulteriores obligaciones a los países que la formen. No es posible abandonar la disciplina presupuestaria, en fase posterior, porque no es posible construir un área monetaria en un contexto macroeconómico inestable. De ahí que los países miembros de la Unión Europea firmaran, en el Consejo Europeo de Dublín de diciembre de 1996, el denominado Pacto de Estabilidad y Crecimiento (PEC), en el que se insiste en la necesidad de sanear las finanzas públicas para asegurar la viabilidad del proyecto y en el que se precisan las medidas que la comisión habrá de adoptar frente a los países que incurran en déficit excesivo: más de 3 por 100 del PIB de déficit público y más del 60 por 100 del PIB de deuda pública. Salvo circunstancias excepcionales, de carácter temporal —como caídas inesperadas del PIB— que permitirían no calificar de excesivos los déficit, los Estados miembros han de cumplir las dos condiciones so pena de verse sancionados con la obligación de constituir depósitos sin intereses, depósitos que pueden transformarse en multas. Pero, además, los países integrantes de la UME deben establecer programas plurianuales de estabilidad para alcanzar, a medio plazo, el equilibrio presupuestario, con objeto de que los estabilizadores automáticos puedan funcionar, a lo largo de todo el ciclo, sin que el déficit supere el 3 por 100 del PIB[3].

Sin embargo, la estabilidad no es sólo un requisito impuesto por las reglas de la Unión Monetaria; es, también, una exigencia para mantener la competitividad. Al instaurarse la moneda única desaparece la política cambiaria autónoma: frente a los demás estados miembros, porque no hay sino una moneda común; frente a países terceros, porque la relación Euro, otras monedas será competencia del Consejo. Cualquier pérdida de competitividad experimentada por un sector de un país cualquiera no podrá ser resuelta mediante reajustes del tipo de cambio, lo que nos lleva a uno de los problemas más aireados por los analistas de la futura Unión Monetaria Europea: la perturbación asimétrica. Se entiende por perturbación asimétrica un desplazamiento de demanda, que afecte a un país o a un sector, y que de lugar a una caída de producción, renta y empleo. Su origen puede ser vario, desde una modificación de las pautas de consumo, hasta una pérdida de mercado derivada del rápido aumento de costes y precios. La correspondiente pérdida de producción, renta y empleo puede ser atajada de dos maneras: o bien la mano de obra de la zona deprimida se traslada a otras áreas en expansión o bien las transferencias fiscales resuelven todo o parte del problema, evitando la caída de la renta. Dos soluciones que requieren de movilidad de la mano de obra y capacidad de transferencia.

Supongamos que, ya dentro de la moneda única, la economía española experimenta, durante un cierto tiempo, una elevación de costes y precios superior a la de sus principales competidores de la Unión Europea. La demanda exterior de muchos bienes y servicios españoles se retraerá, sin que la competitividad

---

[3] La síntesis del PEC figura en el Recuadro 1.2 del Informe Anual 1996 del Banco de España.

pueda restablecerse por depreciación del tipo de cambio. Sería posible aliviar el problema si la mano de obra afectada por la caída de la producción se desplazara a sectores en expansión de otros países comunitarios, lo que legalmente puede hacer. En la práctica, esa posibilidad queda muy limitada por las barreras lingüísticas y culturales que separan a unos países de otros. No sería tampoco factible hacer uso de ayudas presupuestarias de alcance, porque el presupuesto español ha de cumplir la regla del cuasi-equilibrio y porque el presupuesto comunitario es de corta dimensión y queda absorbido, en su mayor parte, por la Política Agrícola Común. La perturbación asimétrica no es, pues, un problema menor, sino un riesgo omnipresente; y para evitar que el riesgo se materialice, la condición primera es mantener la estabilidad macroeconómica.

Enfrentada a las exigencias de la moneda única, la política económica española debía otorgar prioridad a las medidas que permitieran cumplir los criterios de convergencia, lo que necesariamente obligaba a frenar el gasto público como paso ineluctable para tratar de recuperar la estabilidad. Pese a que, desde 1995, se venía intentando reducir el déficit público, con el resultado de haberlo disminuido del 6,6 por 100 del PIB (1995) hasta el 4,4 por 100 (1996), los más importantes recortes del gasto se han producido en el Presupuesto de 1997 y se han concentrado en el consumo y la inversión. Su objetivo: que el déficit, medido de acuerdo con el protocolo comunitario, no supere el 3 por 100 del PIB.

La disciplina en el gasto ha producido, hasta el momento, (verano de 1997) una serie de consecuencias positivas. En primer lugar, ha colaborado a situar la inflación en una tasa interanual inferior al 2 por 100 —1,7 por 100 en abril de 1997—, objetivo más ambicioso que el inicialmente previsto por el Banco de España: lograr que los precios al consumo crecieran por debajo del 3 por 100 a lo largo de 1997. En segundo lugar, y como consecuencia de la caída de la inflación, los tipos de interés han descendido sustancialmente: el tipo de intervención del Banco de España, fijado en 9,25 por 100 a finales de 1995, se estableció en 5,25 por 100 en mayo de 1997; de forma gradual los intereses determinados en los mercados financieros experimentaron recortes generalizados, lo que ha significado una mejora muy apreciable de las condiciones de financiación. En tercer lugar, el consumo y la inversión privados se han visto estimulados por los menores intereses, en especial la adquisición de viviendas, puesto que las correspondientes decisiones de gasto dependen muy estrechamente, de las condiciones financieras. En cuarto lugar, y a impulsos de variables anteriores, el ritmo de crecimiento ha aumentado y debe situar el incremento anual en un 3,2 por 100 aproximado.

Ese camino virtuoso, que se inicia con la contención del gasto público y termina en un mayor dinamismo del conjunto de la economía, permitirá cumplir casi todas las condiciones de convergencia, de mantenerse las tendencias observadas para el año del año de referencia, el 1997. El criterio de inflación se cumplirá, pese a tratarse de un valor comparado, porque con inflación próxima al 2 por 100 es virtualmente imposible superar en más de 1,5 puntos la media de los tres países más estables. El criterio del déficit, definido en términos absolutos, se cumplirá también, porque al freno inicial del gasto público se suman la reducción del coste de la deuda, derivada de la caída de los tipos de interés, y los posibles mayores ingresos a que dará lugar la recuperación del crecimiento. No se cumplirá el criterio de deuda pública porque no es posible, en un solo año, pasar del 69,9 por 100 de 1996 al 60 por 100, pero ese incumplimiento no debe constituir su obstáculo infranqueable por dos razones: porque según las normas de Maastricht importa, sobre todo, la aproximación al valor de referencia, situación que sí se producirá en el español, y porque la mayor parte de los países incumplirán la condición, lo que hará imposible una interpretación inflexible de la misma. Cuando se fijó la condición de tipo de cambio estable, el Sistema Monetario Europeo aún no había sufrido las tormentas de los años 1992 y 1993, y no había quedado desnaturalizado por la decisión de ampliar las bandas al ± 15 por 100 (1993). La Comisión Europea y el Instituto Monetario Europeo, las instituciones encargadas de valorar la convergencia de los países miembros, deberán, por tanto, apreciar la estabilidad de la moneda durante los dos años anteriores al momento del examen, sin devaluaciones a petición propia, requisitos que cumple la peseta, cuyo tipo de cambio se ha mantenido muy próximo a su paridad central en los dos últimos años. La última de las condiciones, la referida a los tipos de interés a largo plazo, tampoco debe plantear problema alguno porque ya se cumplía a finales de 1996 y porque no hay expectativas de cambios apreciables en el movimiento comparado de los tipos a diez años[4].

Además de permitir el cumplimiento, con alguna salvedad, de los criterios de convergencia, la política iniciada con la decisión de frenar el gasto público, lo que hemos denominado el camino virtuoso, ha validado dos supuestos necesitados, en el caso español, de contraste empírico. Ha puesto de manifiesto, hasta el momento, que la corrección del desequilibrio fiscal incide, favorablemente, sobre las variables fundamentales de la economía; y ha puesto también de relieve que la disciplina fiscal no tiene por qué desencadenar efectos recesivos.

Las relaciones entre las grandes variables económicas no son ni mecánicas ni estimables con precisión porque están entrecruzadas por las expectativas de los agentes económicos. No basta por tanto anunciar primero, y poner en práctica, después, una determinada medida para que los efectos se desencadenen; es preciso que los agentes económicos la crean. No basta, pues, con anunciar, por medio del Presupuesto, que se frena el crecimiento del gasto público; es preciso que los agentes económicos crean en esa limitación: las Administraciones Públicas en primer lugar, lo que supone un ejercicio constante de autodisciplina; e igual sucede con las demás agentes. Sólo así se consigue que la estabilidad sustituya a la incertidumbre y que la secuencia reducción del gasto público —menor inflación— menores tipos de interés cristalice. Lo que, en abstracto, se consideraba posible, ha sucedido porque se ha resuelto, hasta el momento, el problema de credibilidad.

---

[4] Véase el Recuadro 1.3 del Informe Anual 1996 del Banco de España.

A la sombra del pensamiento keynesiano, todavía una amplia corriente de opinión entiende que los recortes de gasto público traen aparejados efectos recesivos. La causalidad es simple: si el ritmo de crecimiento depende del nivel de demanda agregada y se frena el gasto público, uno de los componentes de esa demanda, la economía crecerá más lentamente. A fuer de simple, el razonamiento olvida el impacto que la limitación del gasto produce sobre los tipos de interés y los efectos que acarreará su reducción: consumo e inversión privados repuntarán, por la caída de tipos, la competitividad se reforzará, al amparo de una menor inflación, lo que impulsará las exportaciones de bienes y servicios, y el compás de la economía podrá acelerarse en lugar de debilitarse. Así ha ocurrido en el caso español y ha ocurrido con presteza por haberse repetido una regularidad ya contrastada: que son los países que padecen desequilibrios más agudos los que antes se benefician de la reducción de esos desequilibrios.

Los buenos resultados que ofrece la economía española, con este año de 1997, no se deben, solamente, al esfuerzo de consolidación fiscal. Cuentan también las medidas de liberalización y reactivación de la economía de junio y julio de 1996, las reformas del mercado de trabajo pactadas entre sindicatos y empresarios y refrendadas por el Gobierno, la política de privatización de empresas públicas y el desarrollo del plan de liberalización e impulso de la actividad económica de febrero de 1997. Las primeras, de carácter fiscal unas y liberalizador otras, porque han corregido situaciones tributarias anómalas e introducido mayores dosis de competencia en un conjunto de mercados; las segundas porque, pese a su limitado alcance, permiten un mejor funcionamiento del mercado de trabajo al ampliar las causas de despido objetivo y reducir, en determinados contratos, las indemnizaciones por despido improcedente; las decisiones sobre privatización de empresas públicas, porque devuelven al área privada toda una serie de actividades que le son propias, porque deben permitir una reducción de la deuda pública y porque descargarán al Presupuesto de una serie de obligaciones recurrentes; las últimas medidas, muchas de las cuales sólo han sido, hasta ahora, enunciadas porque siguen la misma línea de reforzar la capacidad productiva de la economía española en un entorno abierto y extremadamente competido.

5.3. *FESTINA LENTE*

¿Es suficiente lo hasta ahora aprobado y previsto? No parece suficiente porque los retos a los que hoy se enfrenta la política económica son enormes y requerirán esfuerzos continuados y grandes dosis de voluntad política.

La sociedad española presenta dos rasgos ya examinados y valorados: se trata de una sociedad que envejece y se ha convertido en una sociedad de transferencia.

La evolución demográfica de la sociedad española, reflejada en el Cuadro 3.4, se cumplirá de forma bastante aproximada, dada la consistencia de este tipo de previsiones, lo que hará que el número de pensionistas de la Seguridad Social aumente desde los siete millones actuales hasta cerca de once millones en el año 2025 (Cuadro 3.6.). A esa cifra habrá que añadir la correspondiente a las clases pasivas, hoy próxima a 700.000 personas. En cifras aproximadas, unos doce millones de personas, de un total de cuarenta y un millones, formarán el grupo de perceptores de pensiones de jubilación. Se trata de un dato del que debe partir cualquier proyección realista.

Ante esa hipótesis demográfica, no resulta difícil admitir la imposibilidad de mantener la actual sociedad de transferencia; hay que reformarla, precisamente para hacerla viable en el futuro. Y esa reforma requerirá, por lo menos, alcanzar tres objetivos fundamentales: crecer a mayor ritmo de forma continuada, que el crecimiento se produzca en el área de mercado y redimensionar la red de protección social. Es preciso crecer a mayor ritmo para aumentar la tasa de actividad y disminuir la de desempleo; es necesario que el crecimiento se produzca en el sector privado para que las transferencias al área de no mercado sean posibles; es forzoso redimensionar la red de protección social porque, de mantener los rasgos que hoy la caracterizan, el crecimiento del gasto sanitario bastaría para esterilizar cualquier esfuerzo.

Para que los dos objetivos primeros —crecer más y que sea el sector privado el que crezca— puedan cumplirse, deberá reducirse el tamaño del sector público y facilitarse la creación de empresas privadas. Dos líneas de acción que requieren una serie de importantes decisiones de política económica.

La primera de ellas es lograr que el gasto público crezca a ritmo bastante menor que el producto total. De esa manera se lograría la consolidación fiscal (eliminación del déficit) y se reforzaría la estabilidad macroeconómica. La proyección contenida en el Cuadro 2.3, que completa lo que figura en el Programa de Convergencia, 1977, indica un posible camino: si en el período 2000-2010, el crecimiento medio del gasto de las Administraciones Públicas se mantiene en el 2,8 por 100 anual, en términos nominales; los ingresos aumentan al 5,4 por 100 nominal y el PIB lo hace al 3 por 100 real y 5 por 100 nominal, el déficit desaparece en el año 2001, la deuda se reduce hasta el 35 por 100 del PIB en el 2010 y, para el año final, el gasto público tan sólo representaría el 33,9 por 100 del PIB. Ahora bien, para que la previsión se cumpla razonablemente, son varios los requisitos necesarios. Puesto que el incremento demográfico hará aumentar determinados gastos de transferencia y consumo, otros gastos de transferencia y consumo deberán reducirse sustancialmente, pese a contar con una continua disminución de la carga de interés de la deuda; para que los ingresos aumenten al 5,4 por 100 nominal es preciso que el PIB crezca a la tasa prevista, que la tasa de actividad aumente, que el desempleo disminuya a buen ritmo y que la fiscalidad se haga menos intensiva y más extensiva (lo que permitiría una reducción de las tarifas del IRPF). Conseguir que el PIB crezca a un 3 por 100 real y 5 por 100 nominal no resulta, *prima facie*, un objetivo disparatado, pero no depende sólo de la buena conducción de la economía española, porque el comportamiento de las grandes economías es elemento decisivo tanto de nuestras posibilidades expansivas como de la estructura global de tipos de interés.

Facilitar la creación de empresas privadas, la segunda línea de acción, significa, ante todo, crear un entorno económico que estimule las decisiones empresariales. La contención del gasto público, que debe colaborar a mantener el clima de estabilidad y los bajos intereses, constituye un factor muy positivo que debe acompañarse con otras medidas. Muy en especial la mejora de la infraestructura y la liberalización progresiva de los mercados de servicios: perfeccionar la red de transportes y comunicaciones significa reducir costes y acercar mercados, lo que redundará en aumentos generales de productividad; salvo en los mercados financieros, en los que la competencia ha recortado los márgenes hasta situarlos en los niveles prevalecientes en los grandes países de nuestro entorno, muchos de los otros mercados de servicios mantienen barreras protectoras que significan costes adicionales para empresas de muy variado signo y, en especial, para las de tamaño mediano y pequeño.

La expansión del área de mercado no garantiza, por sí sola, el aumento de la tasa de actividad y la disminución del desempleo, las dos piezas clave del escenario postulado. Garantiza una cierta mejora de las dos variables, pero de lo que se trata es de aumentar considerablemente la primera hasta situarla diez puntos por encima de sus valores actuales, y de disminuir sustancialmente la segunda. Y es probable que esas metas sólo puedan alcanzarse con mercados de trabajo más flexibles y con prestaciones de desempleo sometidas a regulación más exigente. En una economía abierta, y con moneda única, los mercados de trabajo han de ganar flexibilidad para que las empresas puedan adaptarse, con rapidez, a la variación de las condiciones de demanda; de lo contrario, y con bajos tipos de interés, la preferencia por las funciones de producción intensivas en capital aumentará, y la relación que liga crecimiento y empleo no alcanzará los valores adecuados. Como ya se ha señalado en el Apartado 3.8, las actuales normas de desempleo tienden a alargar dichas situaciones, amén de controlar insuficientemente la existencia real de las condiciones que dan derecho a la prestación. De no reordenarse las normas y aumentar los correspondientes controles se corre el riesgo de mantener bolsas de desempleo irreales que seguirán gravitando, pesadamente, sobre el gasto de protección social.

Aun así, algunas de las actuales tendencias de la red de protección social habrán de ser corregidas, en especial la concerniente a las prestaciones sanitarias: la mejor gestión de los servicios y un mayor control de las prestaciones son medidas necesarias para racionalizar el gasto, hoy situado en seis puntos del PIB, pero probablemente, no serán suficientes; habrán de ser completadas, como ya se ha señalado en el Apartado 3.7, con la introducción de elementos que espumen la demanda irreal.

Las líneas de política económica aquí apuntadas son fáciles de proponer pero muy difíciles de aplicar. Mantener el crecimiento nominal del gasto público muy por debajo del crecimiento, también nominal, del PIB, puede no resultar muy difícil durante un período breve —un año por ejemplo—, pero lograrlo a lo largo de una serie de años es tarea muy complicada porque los niveles de vida de muchos colectivos quedarán afectados y esos colectivos removerán cielo y tierra para impulsar el gasto del que dependen; téngase, además, en cuenta que hablamos de las Administraciones Públicas, en su conjunto, es decir de gastos muy descentralizados y dependientes de poderes públicos distintos, y en los que la pretensión de trasladar el sacrificio a los demás será constante. Lograr que el sector privado se mueva en un clima que facilite su expansión requiere acentuar la competencia en muchos mercados, en especial los de servicios y los laborales. Bajo la presión de las normas comunitarias, la liberalización de los principales servicios se producirá, pero, en muchos otros, las resistencias serán firmes porque están ancladas en una larga tradición; y flexibilizar más los mercados laborales será tarea muy complicada porque se tropezará con la oposición frontal de los sindicatos, para quienes la reforma de 1997 constituye un límite infranqueable. Pese a los problemas que lo aquejan, y que ensombrecen su futuro, el gasto sanitario es considerado, por la mayoría de la población, como un conjunto de prestaciones que no pueden ser modificadas porque son derechos adquiridos e irrenunciables.

Pero los hechos están ahí, y anuncian un porvenir borroso para el conjunto de la economía española si no se acierta a cambiar su dirección ¿ Cómo garantizar el futuro de una sociedad que envejece pero, sobre todo, como garantizarlo cuando son cada vez menos los que trabajan en el área de mercado y cada vez más los dependen de ese trabajo? El único camino que se nos ocurre es transformar una economía de transferencia-endeudamiento, la española actual, en una economía de crecimiento, una economía que haga viables las transferencias que, de verdad, exige el principio de solidaridad, que reduzca el endeudamiento para evitar quedar anquilosada por su carga y que ofrezca, a un porcentaje mucho mayor de la población en edad laboral, muchas más posibilidades de empleo.

La política económica iniciada en 1996 parece encontrarse en el buen camino, pero las medidas hasta ahora adoptadas son, probablemente, las más fáciles de aplicar. El largo trecho que resta será, posiblemente, mucho mas complicado. *Festina lente,* apresúrate despacio, es la máxima atribuida a Augusto que ensalza las ventajas del esfuerzo continuado, un precepto que las políticas económicas deberán respetar durante el largo período que exigirá la transformación de nuestra economía.

Índice